Arc des ꙅꙋꙃ

Arc des Souvenirs
Jessica Hintz

États-Unis
2024

CONTENU

Avant-propos

Mon livre est divisé en trois parties. Pour Grandfather's Legacy, une nouvelle sur laquelle j'ai utilisé de bons souvenirs de ma jeunesse. Celles-ci rappellent la campagne des Midlands des années 1930, où la vie difficile de ceux qui servent la terre et vivent seuls se fait encore sentir aujourd'hui ; des gens enfermés dans des systèmes sur lesquels ils avaient peu de contrôle et où seuls des changements progressifs se produisaient au fil du temps ; Plus tard, une transformation rapide est survenue qui a bouleversé une fois pour toutes les anciennes habitudes.

Parfois, je me demande comment les gens modernes feraient face à un mode de vie aussi isolé - s'élevant et s'abaissant selon leurs seules capacités ainsi que la volonté de la nature - sans accès aux réfrigérateurs, aux machines à laver, au chauffage, à l'électricité, au gaz ou à l'eau courante ; il était de ma seule responsabilité d'éliminer les déchets ; bien que d'après ce dont je me souviens avoir fait partie d'une société à l'ancienne, mes connaissances semblaient plus satisfaites qu'elles ne le sont maintenant.

Anecdotes et poésie, ma deuxième partie de mon livre, contient des poèmes et des souvenirs, certains humoristiques (j'espère !) tandis que d'autres révèlent des émotions humaines plus profondes. Toutes les anecdotes impliquant le jeune garçon sont des récits véridiques.

Je vous invite à entrer dans l'arc-en-ciel et à expérimenter sa profondeur avec plus d'émotion en lisant mon livre hybride thèse-verset, Stepping Into The Rainbow. Il plonge plus profondément dans la nature humaine que ses prédécesseurs et j'espère que son message pourra se propager.

L'héritage de grand-père

Peter regardait tristement la télévision, déplorant la fiabilité prometteuse de son garage. Maintenant, il se retrouvait sans voiture ni projet de vacances si l'ascenseur promis pour le Shropshire ne s'avérait pas non plus fiable.

"J'espère que vous pourrez laisser le garage et le travail derrière vous pendant les prochaines semaines", a commenté Jill, sa femme, en entrant avec du café et des biscuits pour leur plus grand plaisir. Elle ajouta, avec un sourcil arqué : "Et s'il te plaît, chérie, ne porte pas cette vulgaire bague !"

Jill m'a suggéré de porter le collier que j'ai reçu comme cadeau attentionné du directeur des funérailles de mon grand-père pendant au moins un certain temps après son décès, car il contient un véritable souverain en or.

"Ne t'en fais pas ! Tu n'es pas un garçon de brouette. Maintenant, il serait peut-être utile que nous revoyions notre itinéraire de vacances", suggéra-t-elle en éteignant la télécommande de la télévision et en sortant un morceau de papier plié de sous son plateau à café. . Elle avait parlé avec George aujourd'hui de la possibilité de vous reconduire depuis le Shropshire lors de son voyage d'affaires hebdomadaire là-bas, et même s'il semblait plutôt jaloux de votre voyage de pêche, il ne voyait aucun problème à vous ramener demain matin, même si cela pourrait légèrement diminuer son chemin habituel - il a suggéré de se rencontrer ici à sept heures trente et a suggéré de s'arrêter pour le petit-déjeuner pendant son voyage si nécessaire.

"C'est logique," répondit Peter, "et cela me donnera l'occasion de remplir le réservoir de votre frère, puisque mes lourdes valises et mon matériel de pêche prennent trop de place dans son coffre. Par mesure de sécurité, ce serait soyez prudent de ma part de noter quelques détails dans mon carnet pour référence future. D'après la brochure de mon chalet, Bramble Lane devrait être situé à environ sept milles après le village sur son côté droit ; son chalet se trouve à cent mètres le long de cette ruelle ; - Je crois qu'un couple de personnes âgées y habite".

Jill a décentrée le plateau, créant ainsi suffisamment de place pour le petit cahier de Peter. "Au fait", a-t-elle souligné, "notez les horaires de nos vols pour les vacances : au plus tard à 8h30 au terminal 4 d'Heathrow le vendredi 24." Cela ne serait que trois heures et demie après que George vous soit rentré chez vous après votre partie de pêche et vous devriez déjà être épuisé par la pêche !

Elle était plutôt ennuyée que son symposium de six jours à Bruxelles ait coïncidé avec les trois semaines de vacances de Peter, tout en prenant le temps de rendre visite à sa famille en Espagne et au Portugal plus tard dans le mois. "Très honnêtement, Peter, cela aurait été plus logique si vous étiez à la maison en train de lire un bon livre ou de vous détendre avec une tasse de thé l'après-midi tout en vous relaxant", a-t-elle déploré, souriant de soulagement lorsque Peter a répondu : "Eh bien, au moins nous Je m'en irai bien assez tôt et j'irai dans un endroit plus chaud".

Le lendemain matin, Jill a donné à Peter de judicieux conseils sur la façon de pêcher sans parapluie sous la pluie ; puis les conduisit tous les deux à l'aéroport, tandis que Peter partait avec son beau-frère comme chauffeur pour leur voyage de vacances.

Merci beaucoup pour votre aide, George. Sans votre aide, j'aurais été complètement déconcerté ; après que le garage m'ait promis que ma voiture serait prête, puis avoir découvert au dernier moment qu'elle ne le serait pas, les choses se sont déroulées sur une note gênante - même si, à mesure que les événements se déroulaient, cela pourrait se passer pour le mieux ; puisque mon chalet n'en a pas besoin.

"Ça a l'air un peu stagnant", a répondu George en pensant fermement au pub du village et à la brasserie locale, "ça ne me conviendrait pas d'être sans roues.

"En général, j'aurais ressenti exactement la même chose, mais pas cette fois. Bien que cela puisse paraître étrange, alors que j'étais assis ici à regarder la campagne défiler dans mon esprit, je suis revenu aux choses que mon grand-père avait mentionnées lors de ma dernière visite - mais ses paroles n'avaient pas été prises en compte. "Je n'ai pas réussi à frapper comme d'habitude à cause de mon état d'esprit stressé." Il prit une pause importante alors qu'il réfléchissait davantage à cette possibilité : « Grand-père est né à Bramble Lane que nous traversons ; peut-être que quelqu'un reconnaîtra encore notre nom de famille ou peut-être même que quelqu'un saura que son cottage est toujours debout. Il prit un autre moment de réflexion :

George a commenté au fils aîné de George: "Restez calme, mon vieux - vous risquez d'être déçu."

"Vous avez peut-être raison de le penser. Grand-père avait une façon si engageante d'expliquer les choses que cela a vraiment sollicité notre imagination. Il m'a donné des croquis de ses anciens lieux de pêche le long des mares et des rivières proches de Bramble Lane ; j'espère que ces lieux existent toujours. puisque tous les témoignages disent que ce devrait être un environnement isolé mais très beau.

Peter prit un certain temps pour se demander si son plan initial se réaliserait à mesure qu'il s'installait davantage dans son siège.

"Il était plutôt étrange de m'offrir cette bague", observa George en lui montrant le cadeau. "Il y avait aussi de la vieille monnaie dans un petit sac à cordon. Il m'a dit qu'ils allaient tous ensemble et m'a demandé si je porterais la bague." En réalisant qu'il est décédé quelques jours plus tard, ce voyage est devenu quelque chose d'émotionnel - visiter des endroits secrets connus de lui seul et visiter des endroits que nous seuls connaissons tous les deux - ce vieil homme va vraiment me manquer !"

La voiture a ralenti et est entrée dans le parking d'un hôtel de Shrewsbury.

"Nous devrions arriver chez vous d'ici une heure environ", nota George avec enthousiasme, proposant de partager quelques sandwichs de sa réserve : cela faisait près de deux heures depuis leur petit-déjeuner !

"Je ne sais pas où sont passés tous ces trucs, même si une tasse de café aiderait." George s'est montré exact dans son estimation : moins d'une heure après avoir quitté l'hôtel, il a retrouvé toutes ses affaires à leur place.

Finalement, ils se retrouvèrent près de ce qui ne pouvait être que Bramble Lane ; ce qui correspondait à sept milles passés le village comme indiqué.

Peter remarqua quelque chose dans la haie. En s'en approchant, il nota sa découverte. "Je peux voir quelque chose là-dedans."

» demanda George, incrédule. Qu'est-ce que ça pourrait être ? beugla-t-il.

"Ce vieux panneau, dont la peinture s'est en grande partie écaillée, indique toujours 'Lane' ; cependant, deux lettres de 'Bramble' ont disparu, mais nous sommes clairement arrivés à notre destination", s'est exclamé Peter. "Alors montons tous dans ma voiture et dirigeons-nous vers cet endroit."

"Ce n'est pas une bonne idée ; cela ressemble à un travail à pied," répondit Peter en retournant vers sa voiture. Aucune voiture ne parviendrait jamais à emprunter une voie défoncée sans se séparer du tuyau d'échappement ou du carter moteur. Quoi qu'il en soit George, merci beaucoup ; nous avons eu tellement de plaisir à pêcher ensemble - je vous promets aussi de la truite et sans aucun doute de nombreuses histoires de pêche que je pourrais écouter plus tard ! Malheureusement, je dois déménager maintenant ; mon guide m'a dit qu'il n'y avait qu'une centaine de mètres dans cette voie ; alors j'espère que je vous verrai le 24 à l'heure de rendez-vous convenue précédemment.

"OK, à dans une semaine et amuse-toi bien !" George a crié alors qu'il partait. Récupérant sa canne à pêche, il l'a solidement attachée à l'aide de deux sangles élastiques à l'une de ses valises avant de repartir.

Nous partons donc sur la piste poussiéreuse. Il devint vite évident que le cheval et la charrette devaient être le seul moyen de transport sur ce chemin ; de profondes ornières de chaque côté laissées par de grandes roues en bois bordées de fer laissaient de profondes ornières le long de son parcours, les empreintes en son centre faites par les sabots des chevaux de trait en étaient toutes des preuves.

Après avoir parcouru environ 800 mètres sans voir aucun signe d'habitation humaine, Peter s'est arrêté pour se reposer sur l'une des caisses et a remarqué à proximité une vieille pompe à eau en fonte partiellement recouverte de végétation qui dépassait d'une haute haie.

"La vie humaine !", s'est-il exclamé à haute voix, "Bien au-delà de l'existence !" Se levant et marchant vers lui, il s'arrêta pour l'inspecter davantage. Saisissant sa longue poignée en fonte, il se leva pour voir si l'antiquité fonctionnait toujours ; ses parties rouillées émettaient de forts bruits de protestation qui mettaient les oiseaux volant des haies et des arbres en mode alarme.

Il relâcha sa prise comme s'il subissait un choc électrique provenant de la poignée. "Bonjour la campagne," murmura-t-il doucement. "La ville est arrivée."

Dès qu'il a réalisé ce qui s'était passé, il a soigneusement emballé ses affaires et a quitté les lieux de la destruction.

Parcourir encore un quart de mile n'a pas apaisé son sentiment que quelque chose n'allait vraiment pas, tandis que ses épaules et ses membres envoyaient des signaux clairs qu'ils n'étaient pas disposés à tolérer davantage ce traitement. À ce moment-là, cependant, quelque chose s'est produit qui lui a donné de l'espoir : une observation inattendue sur le flanc d'une colline voisine.

À ce moment-là, la piste avait pris un virage brusque à gauche. Il fut soulagé de voir une petite maison située dans son environnement naturel, aussi ancienne et naturelle que deux chênes centenaires se tenant juste à sa gauche. Pendant ce temps, un chemin longeait son chemin.

De l'autre côté de la maison se trouvait une porte de ferme à cinq barres et, plus loin, on accédait à quelques petites dépendances appartenant à cette petite ferme.

Peter fut surpris de voir le nom « Sanscroft » au-dessus de l'entrée principale du chalet ; quelque chose qui n'a pas été divulgué. "Cela n'a pas été expliqué", pensa-t-il.

Une fois soulevé, Peter l'a laissé tomber avec un fracas étonnamment fort, qui a encore une fois envoyé des cris d'oiseaux et a fait grincer des dents intérieurement.

Après avoir entendu des pas marteler le sol en pierre, la porte s'est ouverte en grand pour révéler la silhouette amusée, mais légèrement perplexe, d'une femme maternelle d'âge moyen portant des vêtements plutôt démodés.

"Oui Monsieur?" » répondit-elle avec un fort accent campagnard, avant de demander, en réponse à sa présence inattendue, en quoi pourrait-elle l'aider. Visiblement, cette rencontre l'avait pris par surprise.

"Bonjour. Je m'appelle Peter Spencer. Je pensais que des dispositions avaient été prises pour que je reste avec vous pendant une semaine de vacances.

"Eh bien, je n'ai rien entendu à ce sujet; peut-être que vous devez être au mauvais endroit", répondit-elle.

"De toute évidence, quelque chose s'est terriblement mal passé et m'a laissé dans un véritable désastre. Avec mes bagages sur le dos et sept miles à parcourir pour rentrer chez moi avant de rejoindre un village à nouveau... cette situation ne peut qu'empirer encore davantage !"

"Peut-être que vous devriez entrer," suggéra-t-elle, "et nous pourrons en discuter pendant que la bouilloire bout. Au fait, monsieur, je m'appelle Mme Persill."

"Je viens de Londres", annonça-t-il rapidement.

"Ce n'est pas très surprenant", a-t-elle répondu, "car les citadins ont tendance à s'habiller d'une manière qu'on ne voit pas ici."

Ils passèrent par une deuxième porte qui menait directement à une pièce au plafond bas et dotée de fenêtres sur les murs avant et arrière, dont une donnant sur le jardin du cottage. Sous cette fenêtre se trouvait une grande table recouverte d'un tissu lourd ; sous cette fenêtre se trouvait une élégante lampe à huile en laiton ornée de verrerie de couleur ambre ; cette pièce a tellement captivé Peter que même pendant une maladie douloureuse, il ne pouvait s'empêcher de comprendre chaque petit détail ; De plus, comme dans le couloir, il y avait quatre chaises autour de cette table, toutes dotées de sols en dalles, tout comme dans ses murs intérieurs.

Sur le mur à gauche de la table se trouvait un large manteau de cheminée avec une grande cuisinière en fer noir encastrée avec un feu ouvert en son centre. Le feu chauffait vraisemblablement à la fois un four à sa gauche et de l'eau à sa droite ; il y avait aussi un impressionnant robinet en laiton pour un accès plus facile à l'eau. Sur les plaques chauffantes situées au-dessus du four et de la section eau se trouvaient une grande poêle à frire en fer, plusieurs marmites noires et une énorme bouilloire noire que Mme Persill remplissait d'eau fraîche à partir d'une cruche adjacente. La bouilloire a ensuite été soigneusement hissée, en utilisant des compétences acquises grâce à la pratique, sur un grand crochet qui la suspendait à une distance idéale des flammes. Comme il y avait beaucoup d'espace libre au-dessus de la cuisinière - cinq pieds du niveau du sol ! - il y avait suffisamment d'espace libre avant que la lourde étagère en bois ne dépasse et abrite une collection de tuyaux en bois et en argile sculptés à la main ainsi que plusieurs bougeoirs avec leurs éteignoirs. prêt pour l'urgence.

D'un côté du manteau de cheminée était accrochée une poêle chauffante en cuivre hautement poli ; au-dessus était accroché un hibou en peluche accrocheur protégé par un dôme de verre allongé ; de l'autre côté était suspendue une horloge murale, avec son pendule en laiton se balançant d'avant en arrière sous son boîtier en bois vitré d'avant en arrière de manière hypnotique.

Le seul tapis visible se trouvait au sommet de la cuisinière, tandis qu'à proximité se trouvait une chaise invitante pour se prélasser confortablement.

Il remarqua un lourd rideau suspendu en son centre qui cachait peut-être une ouverture au pied de certains escaliers, tandis qu'à quelques mètres se trouvait une porte non identifiée qui menait probablement à une autre pièce.

Il entendit un léger bruit venant d'un fauteuil qui lui faisait face et, en y regardant de plus près, remarqua un petit garçon recroquevillé qui dormait paisiblement à l'intérieur.

Mme Persill a pris note de l'observation inattendue de Peter et a noté que William dort habituellement à cette heure chaque jour, à cette heure-là. "Cela semble inhabituel", a-t-elle noté.

"Il a l'air content", observa Peter alors que le vieil homme s'asseyait sur l'une des chaises mises à leur disposition et bientôt des boissons chaudes et du pain fait maison étaient placés devant eux.

"Maintenant, écoute," continua-t-elle en s'asseyant, "si vous ressentez le besoin de retourner au village, je peux faire en sorte que mon mari répare notre charrette indéfinissable pour vous transporter. Une fois fini de couper le maïs dans notre champ inférieur - ce qui prendrait environ trois heures - il peut vous emmener. Cependant, pour être honnête, nous avons eu des invités qui sont restés au fil du temps, mais pas aussi richement habillés que vous. Mais quelle que soit la manière qui vous convient le mieux, nous serions plus que accommodants. ".

Merci beaucoup, vous êtes incroyablement gentil. Si votre mari le permet, j'aimerais rester la semaine. Idéalement, les personnes censées organiser tout cela devraient avoir tout réglé d'ici là ; De plus, j'ai l'intention de pêcher de l'aube au crépuscule, donc cela ne devrait pas poser de problèmes !"

"Ne vous inquiétez pas, nous nous en sortirons. Maintenant, puis-je vous procurer plus de nourriture ou de boissons à manger ou à boire ?"

"Non, je suis rassasié. Merci."

"Suivez-moi, monsieur, je vais vous montrer où se trouvent les choses pour que vous sachiez vous y retrouver.

"Les gens m'appellent généralement Peter", a-t-il déclaré.

"Oh non, ce ne serait pas approprié, étant donné que vous êtes un citadin si honnête", répondit-elle.

Peter la suivit dans une pièce à gauche de l'entrée de l'escalier à rideaux où la nourriture serait probablement préparée avant la cuisson, puis à travers une autre porte menant à des espaces ouverts au-delà.

"Nous avons une autre pièce", répondit-elle, "à laquelle on ne peut accéder que par cette autre porte extérieure. Vous y êtes, jetez un œil à l'intérieur. Comme son mur extérieur ne reçoit jamais la lumière du soleil, cette zone est notre endroit le plus froid ; ici, nous stockons des produits périssables - peu de gens restent ici pendant les mois les plus chauds ! »

A l'intérieur se trouvaient divers morceaux de viande cuite, quelques hauts faisans et un côté de lard recouvert de mousseline pour le protéger. Il y avait aussi des plats couverts sur les étagères.

"Eh bien, c'est notre principal magasin d'alimentation ; tous les autres besoins que nous avons peuvent être satisfaits à partir de notre potager." Cependant, cela ne vous intéresse probablement pas beaucoup - ce que je vous ai vraiment amené ici, c'est pour montrer où se trouve la pompe au cas où vous auriez besoin d'eau ; mais si vient l'heure du bain matinal, il y aura une carafe d'eau et un bol posés sur votre lavabo. »

Peter ne pouvait s'empêcher de remarquer le design extravagant et les caractéristiques extravagantes de la pompe à eau, qui ne semblaient pas à leur place dans son environnement.

Elle a répondu qu'il s'agissait bien de l'œuvre de son père : "il en a trouvé une abandonnée dans un champ voisin qui devait appartenir à une grande maison qui se trouvait autrefois à proximité mais qui a ensuite été incendiée et démolie".

Tandis qu'elle poursuivait son chemin, ils tombèrent sur un petit bâtiment qui, en raison de sa taille et de sa forme particulières, ne nécessitait aucune explication, même de la part d'un membre de la communauté gendoise de la ville.

"C'est la petite pièce", expliqua-t-elle, "juste au cas où tu en aurais besoin, si cela a du sens." Il hocha la tête avec enthousiasme, espérant que cela pourrait les éloigner du dépotoir voisin qui rejetait rapidement de la chaleur dans l'atmosphère.

"Barney" était le prochain sur l'itinéraire de Peter. Sa propriétaire s'est déclarée fière de l'appeler la leur. Lorsque Peter a remarqué que Barney avait de gros mamelles sous elle, elle a décidé de ne pas poser de questions gênantes. Au lieu de cela, il a déclaré "Elle fournit un délicieux lait crémeux." Barney tourna ensuite la tête comme pour l'apprécier, avant de se détourner pour concentrer ses yeux marron sur le léchage de morceaux de sel de couleur brune qui parsemaient le sol autour d'eux.

Peter a été frappé par la propreté du stand de Barney. Le sol était recouvert d'une épaisse couche de ce qu'il pensait être de la paille. Dans un coin se trouvaient un tabouret à trois pieds et plusieurs récipients avec poignées : de charmants rappels d'une autre époque ; cependant, ils semblaient démodés en comparaison de Mme Persill et de sa maison.

Des bruits sensationnels à l'extérieur de l'étable ont poussé Mme Persill à s'enfuir rapidement. Peter le suivit de près, inspectant soigneusement chaque zone avant de poser son pied ; être prudent avec les vaches était important pour lui.

Peter remarqua que Mme Persill se tenait dehors et parlait avec animation à quelqu'un qu'il supposait être son mari - on aurait dit qu'ils sortaient tout droit d'un roman de Dickens ; surprenant puisque cet individu portait des vêtements de seconde main de Mme Persill. « Les gens aiment vraiment compter sur les objets de seconde main de nos jours ! » pensa Pierre.

Contrairement à sa femme, l'homme avait un physique athlétique avec des épaules fines et des mains couvertes d'une peau brune et patinée par les intempéries. Sa moustache comportait des extensions pointues de chaque côté de sa lèvre supérieure qui étaient cirées avec des pointes s'étendant sur quelques centimètres ; ceux-ci avaient également été modifiés ou deux afin de transmettre une image d'une période antérieure.

Il tenait par la bride un énorme cheval de trait qui grattait impatiemment le sol avec un de ses énormes sabots poilus. Avec un signe de tête vers Peter et une touche de la main sur le toupet de Peter, l'homme et le cheval s'éloignèrent rapidement comme s'ils venaient de souhaiter bonsoir au Squire.

Ce soir-là, ils se sont tous assis ensemble pour un repas exquis - l'un des préférés de Peter et également assez paisiblement ; à part les demandes occasionnelles de « puis-je en avoir plus, monsieur ? » ou des annonces telles que "J'ai préparé votre déjeuner de pêche pour demain matin", rien d'autre n'a été prononcé pendant leur repas.

Étonnamment, Peter n'a ressenti aucun sentiment d'inhibition, juste le sentiment confortable que les bavardages inutiles n'étaient pas nécessaires ou nécessaires - du moins selon ce que M. Persill avait dit à Peter lorsqu'il avait soudainement chuchoté : « Arrêtez de parler ! Elle lui rendit son sourire gentiment, comme pour dire "Ça ne veut rien dire".

Son mari devait être complètement épuisé par cette diatribe ; c'était presque certainement le dernier mot prononcé ce soir-là, ou pendant la majeure partie de la semaine.

Après le dîner, le fermier s'installa près du feu, après avoir d'abord retiré de son manteau une pipe géante avec un fourneau surdimensionné mesurant environ trois pouces de diamètre sur quatre pouces de profondeur, comportant une tige d'environ douze pouces de long qui s'enroulait vers son bouche. Il a chargé sa pipe avec ce qui semblait être environ une once de tabac avant de l'allumer ; assis pendant une demi-heure pendant que ses deux mains soutenaient son bol alors qu'il émettait des bouffées de fumée comme la cheminée d'un moteur de locomotive.

Cependant, après être tombé en panne de carburant, la locomotive a décidé qu'il devait faire autre chose et a décidé de sortir par la porte.

"J'ai remarqué que M. Persill est très calme", nota Peter, "et j'espère que ma présence ici ne le dérange pas trop.

"Non," répondit-elle, "père n'a jamais pu enchaîner plus de trois ou quatre mots à la fois; son père était pareil. À qui d'autre pourriez-vous parler là-bas dans les champs toute la journée, à part le cheval et il a encore moins dire ?"

Il en profite pour changer de sujet : « Qu'est-il arrivé à William et pourquoi ne nous a-t-il pas rejoint pour dîner ?

"Il ne se sentait pas très bien, alors je lui ai donné à manger et je l'ai mis au lit. J'espère que tout ira bien demain matin. Maintenant, vous devez vous sentir plutôt fatigué ; peut-être devrais-je vous montrer votre chambre ? Petit-déjeuner commence à cuisiner vers six heures du matin - même si vous pouvez vous lever quand cela vous convient le mieux. Un petit rappel que je dois ajouter : lorsque vous passez devant l'étable en sortant tôt le matin, assurez-vous que le guichet derrière vous est fermé, sinon ils seront fermés. peut brouter certains légumes.

"Bien sûr. Six heures du matin fonctionneront parfaitement. Je ne sais pas si je l'ai mentionné plus tôt, mais je compte revenir assez tard chaque jour ; est-ce que ça te va ?"

Mme Persill lui fit signe de la suivre, levant la main sur l'étagère du manteau pour récupérer un bougeoir de sa position et allumant sa mèche. Avec ce geste en place, Mme Persill traversa une ouverture à rideaux menant à des escaliers raides ; sa main courante s'est avérée n'être rien de plus qu'une branche d'arbre de deux pouces de diamètre recouverte d'écorce d'origine, ce qui a constitué une surprise assez inattendue ; au sommet, ils arrivèrent à un petit palier avec trois pièces partant.

"Nous y sommes", annonça-t-elle en ouvrant la première porte. La pièce elle-même était grande ; ou cela aurait été le cas, sans le grand lit double à structure en fer qui remplissait presque complètement son espace avec son matelas haut et sa housse de couette superposée.

Peter regarda par la fenêtre pendant que sa sœur vérifiait que tout allait bien et pouvait distinguer dans la pénombre la forme de M. Persill qui creusait une longue tranchée dans leur potager.

« Est-ce que votre mari ne fait jamais de pause ? » s'enquit l'homme.

"Pour nous occuper, monsieur, nous devons nous assurer que tous nos légumes sont plantés pendant que le temps le permet, sinon l'hiver prochain, nous aurons faim. Puisque nous ne louons que cette ferme, ce que nous cultivons dans le champ inférieur doit payer le loyer et nourrir les animaux et fournir de l'huile pour les lampes, des bougies et de la tourbe pour le pâturage ; il ne reste pas grand-chose même pendant une bonne année ! »

Ensuite, Mme Persill a indiqué l'endroit où travaillait son mari.

"Maintenant, cette longue tranchée que Père est en train de creuser pour les carottes et les panais primés de l'année prochaine atteindra presque ma taille une fois terminée. Ensuite, il ramène notre cheval et notre charrette à l'épi pour recueillir la moisissure des feuilles à superposer au fond de sa tranchée, avant il tamise toute la terre pour que ses carottes et ses panais poussent en douceur sans que les pierres ne les gênent.

Peter était amusé par ses animations animées et ses bavardages.

"Ee remporte toujours le premier prix aux expositions. Les gens appellent mon père "le roi des carottes et des panais du Salop". Pour moi personnellement, déterrer des légumes peut être extrêmement lent : mon travail consiste à rester assis pendant que mon père s'enfouit jusqu'à ce qu'il vienne. sur une pointe de moustache ; à ce stade, toutes les mesures des juges comptent de la même manière, donc tout léger mouvement de ma part pourrait ruiner toute une rangée, bien qu'ils aient l'air absolument magnifiques ;

"Cela semble vraiment intriguant," répondit Peter.

"Ces petits tas en forme de colline dispersés au bas de votre potager sont connus sous le nom de pinces - remplis de pommes de terre superposées et recouvertes de paille avec une couche de terre très épaisse pour que le gel ne puisse pas les pénétrer en hiver. Quand j'en ai besoin des pommes de terre, j'en ouvre une quand j'en ai besoin et je prends ce dont j'ai besoin avant de refermer jusqu'à mon prochain voyage !"

"C'est une idée tellement intéressante !" » répondit-elle avec enthousiasme.

"Les lapins sont devenus un problème ici, alors la nuit, nous laissons Gyp lâcher sa chaîne pour qu'il puisse surveiller nos légumes sans être dévoré par la vermine. Père est généralement dehors aux premières lueurs du jour pour les traquer lui-même, mais il n'a plus de poudre noire. "

"Qu'est-ce que la poudre noire exactement ?" » s'enquit Pierre.

Eh bien, comme vous ne semblez pas familier avec les armes à feu en ville, je vais vous expliquer. La poudre noire est ce que vous versez dans le museau avant d'ajouter de la ouate, des billes de plomb et davantage de ouate pour empêcher les billes de plomb de s'échapper lors de la chasse aux lapins. Lorsque la gâchette est enfoncée, lorsqu'elle est activée en tirant vers l'arrière, elle heurte ce qu'on appelle un « capuchon à percussion », qui enflamme la poudre noire. Je sais que ces armes plus anciennes peuvent sembler archaïques ; Certains agriculteurs en possèdent cependant encore et s'empruntent souvent des fournitures supplémentaires les uns aux autres jusqu'à ce que d'autres arrivent des magasins du village.

Peter parla pensivement. Mme Persill semblait satisfaite de ce commentaire et semblait heureuse que Peter en ait parlé.

"Je devrais bouger", répondit-elle, "il y a beaucoup à faire avant que mon père et moi prenions notre retraite. Il y a un tabac à priser sur le bougeoir pour nous aider à souffler et il y a même un pot d'urgence sous notre lit juste au cas où c'est nécessaire", comme elle a disparu par la porte. "J'espère que tu dors bien ce soir."

Il aurait ri aux éclats sans sa peur d'être entendu ; aucune personne sensée ne pourrait jamais croire qu'un endroit aussi improbable existait à la fin du deuxième millénaire ; Pourtant, pour lui, cela revêtait une signification très particulière.

En fouillant sous son lit, il trouva une pièce de céramique antique dont un côté portait une poignée qui le regardait. "Merci, mais non merci", pensa-t-il doucement en empochant une petite lampe et en se dirigeant vers les escaliers.

Mme Persill n'était pas présente dans la pièce principale, alors il se dirigea vers la sortie arrière. En passant par la petite cuisine où se déroulait la préparation des repas, il vit un plat à tarte débordant rempli de délicieux plats de lapin ainsi que ce qui ressemblait à un coquetier retourné en son centre – autant de preuves que quelque chose de poisson pourrait être en train de cuire à proximité.

Il baissa les yeux sur la pâte soigneusement étalée pour recouvrir sa tarte et se rendit compte que tout ce qu'il y avait dans le plat à tarte devait avoir quelque chose pour l'empêcher de sombrer dans la sauce et de détremper sa pâte.

Une fois sorti dans la cour arrière, Gyp se dirigea avec prudence vers cet imposant bâtiment au bout du chemin. Il se présenta rapidement avec une courbe de sa lèvre supérieure affichant une série de dents que tout tigre à dents de sabre serait fier d'afficher.

"Ne vous inquiétez pas monsieur," dit la voix bourrue de M. Persill de quelque part sous la terre, "'ee baint est un chien vicieux ; elle ne mord pas les étrangers." Peter avait le sentiment qu'il pourrait bientôt devenir celui qui testerait cette théorie sur lui.

Il rencontra Mme Persill alors qu'elle se dirigeait vers la maison à petits pas pour ne pas déranger deux seaux d'eau qui pendaient de chaque côté d'elle à des cordes courtes reliées à un jaune d'œuf en bois sculpté à la main sur ses épaules.

"Je viens juste de chercher de l'eau de la pompe de jardin pour votre maison. Votre cheval et votre vache ont encore besoin de leur approvisionnement, tandis que les porcs ont déjà reçu le leur - donc je ne serai pas trop long !" s'exclama-t-elle avec un sourire enthousiaste.

Peter dirigea sa torche vers la petite pièce ; il y avait une étagère avec une bougie prête à être allumée ; dessus se trouvait une planche de bois percée d'un trou pour s'asseoir ; en dessous se trouvait un seau pour contenir de l'eau ; à proximité se trouvait également un clou sur lequel des carrés de papier avaient été impudemment enfoncés par des moyens inconnus.

Ce soir-là, se coucher était une expérience inégalée. Il tira d'abord la lourde couette avant de devoir se lancer vers le haut pour gérer l'extrême hauteur de son lit avant d'atterrir dans un creux invisible de matelas en plumes qui l'enveloppait comme une étreinte.

Il entendit alors le réveil de la ferme signaler qu'il était temps pour tout le monde de se lever et de briller, ou peut-être était-ce simplement le coq qui faisait savoir à tout le monde qu'il désirait le petit-déjeuner.

Il fallait des spéléologues expérimentés pour sortir de son matelas de plumes ; néanmoins, il se leva rapidement et se rasa bientôt avec son rasoir à batterie. Une douche à l'eau froide s'est avérée être une expérience inhabituellement rafraîchissante lorsqu'il a découvert de l'eau chaude qui l'attendait juste devant la porte de sa chambre dans une carafe.

Lorsque William entra dans la pièce principale, une délicieuse odeur d'œufs et de bacon l'envahit, des salutations furent échangées entre toutes les personnes présentes et le petit William se réfugia rapidement derrière la jupe de sa mère.

"C'est un vrai gentleman, William ; il n'apprécie pas facilement les étrangers", expliqua-t-elle en plaçant une grande assiette de bacon et d'œufs pour que Peter puisse en profiter. En servant le thé à Peter, elle lui dit qu'il y aurait beaucoup de pain et de beurre à sa disposition s'il en avait besoin.

Peter était particulièrement impressionné par le processus de versement du thé et par la théière inhabituelle ; il était grand par rapport aux normes traditionnelles, fait d'une forme de métal semblable à de l'étain, avec une poignée non conventionnelle composée de deux boutons en son centre ; pour y verser du thé, on plaçait une tasse et une soucoupe sous son bec courbé, avant de soulever son couvercle à l'aide de l'une de ces poignées - cela fonctionnait de la même manière que pour retirer le piston d'un moteur de voiture mais sans autant de résistance ! Une fois soulevé par le bouton au centre du couvercle de la théière ; Une légère pression vers le bas a été créée à l'intérieur, ce qui a provoqué un contenu sous pression à l'intérieur, ce qui a provoqué un déversement sans même soulever le pot lui-même !

"J'ai laissé votre déjeuner à la porte arrière avec votre matériel de pêche et j'ai rempli cette chose en forme de cruche (faisant référence à une bouteille thermos) que vous m'avez donnée avec du thé chaud - même si je m'attends à ce qu'il refroidisse d'ici une heure ; ces concepts modernes sont trop déroutant.

Souhaitez-vous que votre père vous montre certains des lieux de pêche spéciaux où il emmène William ?

"Pas de problème", répondit Peter. "J'ai déjà reçu une carte avec des lieux de pêche. Merci quand même !"

William restait caché derrière la jupe de sa mère, tout en continuant à jeter un coup d'œil pour observer chaque détail de ce nouveau membre de la famille.

"Hé," nota Peter avec intérêt. « Juste par curiosité : comment Barney a-t-il obtenu son nom ?

"Eh bien, notre famille cultive cette terre depuis environ deux cents ans avec de nombreux bovins ; chaque génération comprenait toujours un nommé Barney, comme le dictait la tradition. Même si je ne pouvais me permettre qu'une seule vache à ce moment-là, je ne pouvais pas me résoudre à le faire. pour le casser."

"Tout à fait vrai!" Peter répondit à l'unisson : « Moi non plus. »

Les rêves devenaient réalité ; pas tant parce qu'il a attrapé du poisson (cet acte a pesé lourdement sur sa conscience et a entraîné le retour de la plupart à la liberté) mais à cause de la facilité avec laquelle ses inquiétudes ont disparu dans ce contexte. Au lieu de cela, ils semblaient simplement se mettre en place de manière transparente, comme faisant partie de la nature ; se sentir partie intégrante de tout ce qui les entoure.

Son regard errait lentement sur les eaux lorsque son attention fut soudainement attirée par ce qui semblait être une petite île avec une sorte de structure dans son feuillage. Si tel était effectivement le cas, cela doit avoir quelque chose à voir avec la mention par Mme Persill d'un domaine de Great House ; malheureusement, il était hors de sa portée et devint vite insignifiant pour lui.

"Bon Dieu!" s'exclama l'homme lorsqu'ils remarquèrent un canard colvert émergeant soudainement de quelques roseaux à proximité, leur apparition soudaine provoquant un choc se propageant dans tout son corps et sa montre alors qu'ils cherchaient sa source.

"Où est passée ma journée ?" Alors qu'il commençait à ranger ses affaires en vue de leur repas du soir, quelque chose attira son attention dans les roseaux et il se dandina pour regarder de plus près. Ce qu'il a trouvé était un ancien bateau à moitié submergé, facilement renversé en tournant latéralement jusqu'à ce que le poids de l'eau en soit retiré, puis traîné facilement jusqu'à la terre ferme. Au début, cela semblait quelque peu sombre, mais après une enquête plus approfondie, il s'est avéré le contraire et une idée a commencé à se former dans son esprit.

Le temps s'écoulait rapidement, alors il souleva à la hâte ses affaires - seulement pour que sa gaffe de pêche se coince dans certains joncs et se coince entre certains joncs. En tirant trop fort dessus pour tenter de le libérer, il tomba sur le dos tout en s'agitant sauvagement en arrière, emportant avec lui quelques morceaux de son oreille gauche sur son passage.

"Condamner!" S'exclama-t-il avec surprise, craignant des blessures plus graves et il attacha rapidement un mouchoir à son oreille. Une fois de retour à la pompe à eau, il s'est donné une séance de nettoyage en profondeur avant de rentrer chez lui ; sinon, son visage couvert de sang pourrait alarmer sa maison.

" Bonsoir à vous ", vint de l'intérieur de la porte entrouverte où passait Peter, suivi de : " Comment s'est passée la pêche aujourd'hui ? "

Il jeta un coup d'œil par la porte de la boucherie, où Mme Persill était en train de tirer de la mousseline sur une tranche de bacon coupée pour le petit-déjeuner du lendemain matin.

« J'ai passé une journée agréable ; puis-je faire quelque chose pour vous aider ? » demanda-t-il.

"Eh bien, si cela ne cause pas trop de désagréments, peut-être aimeriez-vous jeter un coup d'œil sous le bord pour voir si des oiseaux ont pondu en dessous ? D'ici là, il fera probablement nuit, et à ce moment-là, un renard pourrait déjà je les ai découvertes."

En moins de 15 minutes, il rentra chez lui, portant fièrement 8 magnifiques œufs bruns dans son chapeau.

"On dirait qu'un de ces poissons vous a attrapé", dit M. Persill en jetant un coup d'œil à l'oreille trempée de sang de Peter. Les yeux de William s'ouvrirent grand à cette rencontre entre un étranger et quelque chose sous les vagues.

À ce moment précis, Mme Persill revenait tout juste de faire ses courses au marché à la viande.

"J'ai nettoyé et salé ton poisson. Demain matin, je le cuisinerai et je t'en préparerai pour le déjeuner !"

"Je les ai attrapés pour nous tous !" fut sa réponse, ajoutant : « Si aujourd'hui c'était une indication, il y aura beaucoup de poisson pour tout le monde. Cependant, la prochaine fois, je ne ferai pas la même erreur et j'emporterai ma gaffe – à la place, j'utiliserai mon filet. à la place, il est bien plus sûr de les évacuer ! »

Lundi matin, tout le monde a été surpris lorsque Peter a posé des questions sur une vieille pagaie de canot qui était restée intacte pendant ce qui semblait être des années à côté de l'ancienne étable. Encore plus surprenant, c'est quand il l'a emporté avec lui !

Après un certain temps et après que de nombreux dégâts lui aient été causés, Peter a constaté que le petit bateau flottait à nouveau. Montant prudemment avec tous ses biens, il attendit de voir si le lac viendrait les rejoindre ; mais cela ne s'est pas produit et la pêche a continué sous diverses formes et techniques. Dix minutes semblaient assez longues pour que Peter se rende compte que cela n'arriverait pas, alors la pêche a continué de toutes sortes de manières nouvelles et inventives.

Des places réussies vous attendent pour le reste de votre journée.

Ce soir-là, Mme Persill était vraiment étonnée de voir ce qu'une vieille pagaie pouvait faire pour la capture du poisson ; il y en avait tellement qu'il y en aurait pour tout le monde pendant plusieurs jours ! Même s'il se sentait coupable de garder le silence à l'idée de pagayer toute la journée sur son vieux bateau, il ne voulait pas que quiconque s'inquiète.

Le deuxième jour, alors qu'un autre poisson entrait dans son filet, il réalisa qu'il ne lui restait plus beaucoup de vacances ; pourtant son esprit errait ailleurs ; peut-être qu'avec précaution, je pourrais faire tout le chemin jusqu'à cette île et revenir ; cela invite certainement à une enquête. Trente minutes plus tard, il débarqua de son bateau sur une petite île isolée qui n'avait probablement pas vu de visiteurs depuis avant l'existence de la Grande Maison ; deux poteaux pourris marquaient l'endroit où se trouvait autrefois une vieille jetée, menant à travers les arbres le long d'un sentier envahi par la végétation qui s'éloignait de tout - il ne lui fallut que quelques minutes pour parcourir toute sa longueur avant de retourner à bord de son bateau.

Le voyage en vaut la peine ; Debout, il y avait un vieux pavillon d'été remarquable dans toute sa beauté délabrée, avec un toit en cuivre vert, soutenu par des piliers en fer ornés, un plancher de bois franc surélevé entouré de balustrades ornementales en fer, trois marches en fer depuis le niveau du sol pour y accéder via une balustrade ornementale en fer balustrade balustrade balustrade balustrade ; des treillis en bois restent collés ici et là ; couvrant éventuellement des espaces ouverts dans lesquels des roses denses ont fleuri au fil du temps et qui étaient également présentes ; leurs restes anciens jonchaient le sol car ils avaient prospéré au fil des siècles – ce qui valait vraiment la peine de ce voyage !

Une exploration plus approfondie a permis de découvrir un petit magasin de briques. Sa porte en bois en ruine pendait ivre à une charnière avant de s'effondrer au toucher. Mais bientôt, la lumière fut jetée sur une chaise de dame au design délicat et en métal léger ; deux coussins délavés mais exquis, brodés à la main, fixés à la fois sur le dossier et sur l'assise, étaient fixés sur son cadre ; c'était réconfortant d'être témoin de l'élégance qui ornait autrefois cet endroit. Il a retiré et replacé la chaise sur le sol de son pavillon comme si rien n'avait changé depuis des décennies !

Il trouva une chaise plus grande dans le magasin, la plaçant à une certaine distance de l'autre, puis s'installant confortablement dessus avant de la décentrer un peu pour s'assurer qu'elle faisait face directement à la chaise de son compagnon. Il a essayé de créer une impression de l'endroit et de ceux qui l'utilisaient autrefois il y a toutes ces années. Il imaginait le treillis rempli de roses parfumées qui diffusaient la lumière du soleil sur le sol en dessous. Il a tenté d'imaginer des ferronneries ornementales qui se fondaient bien dans son environnement, ainsi qu'un sentier idyllique bordé de fleurs d'été aux couleurs vives qui serpentait vers une solide jetée en bois qui existait autrefois ici. En abandonnant son emprise sur la réalité et en créant des images dans son esprit, moins ces images semblaient étranges.

Il y avait la moindre chance qu'il s'assoupisse.

"J'ai!" Il s'est exclamé à haute voix et a été stupéfait lorsque quelqu'un a répondu de sa propre voix :

"Vous avez dû vous endormir", déclara une voix calme et instruite sur un ton inoffensif. Ses yeux surpris s'écarquillèrent à la vue d'une jeune femme assise en face sur une chaise vide qui en contenait désormais une. Elle ressemblait à quelqu'un d'un décor de scène de la Régence du XVIIIe siècle.

"Oui-oui", balbutia-t-il, stupéfait que cette dame semble le connaître. Quelque chose d'autre attira son attention ; à ses doigts se trouvaient plusieurs bagues élaborées et coûteuses, ainsi que de fines manchettes en dentelle blanche dépassant de ses manches ; tout cela lui paraissait inconnu et mystérieux. Pour montrer ses remerciements, il lui rendit son sourire aussi détendu que possible compte tenu de leur environnement étrange, espérant que cela ne mènerait pas à un dialogue attendu, mais elle se contenta de sourire avec contentement et prit un petit cadre en bois à côté de sa chaise ; Lorsqu'elle l'a déplacé sur ses genoux, il a vu un élégant manoir situé au milieu de magnifiques jardins !

"Laisse-moi juste finir ce Simon", a-t-elle déclaré en sélectionnant quelques fils de couleur (il a presque répondu en demandant 'qui diable est Simon ?') avant de promettre qu'elle était prête à rentrer chez elle si nécessaire...."

Sa voix fut soudainement coupée par un bruit brusque derrière Peter. Se retournant rapidement, il découvrit un gros pigeon ramier fuyant rapidement une vieille branche d'arbre qui gisait tristement sur le sol ; pourtant quelque chose semblait différent : aucun mur dense de roses ne lui bloquait plus la vue ; au lieu de cela, il se tourna rapidement vers elle mais ne fut accueilli que par une chaise vide au lieu de trouver sa femme assise là, attendant.

Il prit un moment pour se ressaisir avant de s'exclamer à haute voix : "Quel rêve extraordinaire !". L'imagination peut opérer sa magie même dans des endroits reculés.

Comme Peter était connu pour être soigné, il remit les deux chaises là où elles avaient été trouvées et était sur le point de partir lorsque ses yeux tombèrent sur un petit cadre en bois contenant quelques restes de tapisserie pourris maintenant dépourvus d'images, à l'exception d'un segment fané montrant une partie. d'un grand manoir et d'un jardin.

Le temps passa avant que son esprit ne revienne à la normale ; la cryptomnésie s'est avérée déterminante dans sa réhabilitation.

Peter a réalisé que son rêve avait dû commencer en remarquant inconsciemment la photo et le cadre décolorés en entrant dans le magasin, préparant ainsi le décor de mon rêve. Avec cette explication rationnelle en place, il a trouvé du réconfort jusqu'à ce qu'il aperçoive un vieux sac à main posé juste à l'intérieur du magasin de briques avec sa poignée cassée ; lorsqu'il se pencha pour regarder à l'intérieur de son contenu, une belle miniature aux bords argentés représentant une jeune femme avec laquelle il venait d'échanger des mots tomba ! C'était leur tableau peint à la main !

De retour chez lui, il a promis de ne pas révéler son secret.

Mme Persill a noté lors du dîner : « Vous semblez plutôt calme aujourd'hui ; peut-être que les courses incessantes autour de ces lieux de pêche vous ont épuisé.

"Oui, vous avez tout à fait raison ; j'ai l'intention de me coucher tôt."

Depuis la fenêtre de sa chambre, M. Persill travaillait dur pour creuser. Pas étonnant qu'il n'ait rien à dire ; après tout, il avait toujours travaillé. Après être resté éveillé pendant plusieurs heures dans un silence complet, il prit son briquet et l'appliqua sur la mèche d'une bougie dont la flamme vacilla un instant avant de se stabiliser, laissant entrevoir la pièce. Etant donné que c'était la dernière soirée de vacances de M. Persill, beaucoup de ses affaires avaient déjà été emballées, alors en déplaçant ses jambes, il les a déplacées sur le côté du lit pour les faire glisser sur le sol sans plus attendre ni attendre !

Assis près du lavabo, Peter retira sa bague souveraine de son doigt et la tourna lentement dans ses mains tout en repensant mentalement aux événements de la semaine dernière. Quelque chose dans la bague a attiré l'attention de Peter : il y avait un trou de la taille d'une épingle juste sous son bord extérieur ! Intrigué, Peter sortit son épingle de cravate de son étui et l'enfonça dans ce trou d'épingle ; instantanément, il y eut un clic audible lorsque ses griffes s'ouvrirent, faisant tomber la pièce sur le sol ; sous cet espace se trouvait une fine base en or sur laquelle étaient inscrites des initiales qui n'avaient aucun sens – ces initiales n'étaient pas celles de son grand-père !

Il ramassa la pièce d'or, la reposa à sa place et serra ses doigts l'un contre l'autre, ce qui incita les griffes de l'anneau à se remettre en place et à sécuriser fermement leur prise autour d'elle. Il y eut un autre clic audible alors qu'ils se mettaient en position, tenant fermement sa précieuse pièce.

"Eh bien," répondit Mme Persill en débarrassant les derniers articles du déjeuner tardif, "ce fut un plaisir de vous rencontrer aujourd'hui. Dès que vos bagages et votre père auront fini de réparer leur cheval et leur charrette, j'espère que votre ami ne le fera pas. je n'oublierai pas de vous y rencontrer.

"Merci beaucoup. Cela a été des vacances tellement mémorables avec des gens si merveilleux !" Il a fouillé l'intérieur de sa veste pour récupérer son portefeuille avant de demander : "Maintenant, combien je te dois ?"

Elle rougit légèrement. "Je ne sais pas vraiment quoi dire ; que diriez-vous de nous contenter de sept shillings et six pence ?"

Peter resta sans voix face à cette nouvelle et sortit trois billets de cinquante livres pour rendre la monnaie. "Sept et six pence, ce n'est pas assez !" leur a-t-il crié dessus avant de produire trois billets de cinquante livres comme promis par leur chef.

"Personne ici n'utilise l'argent de Londres ; je n'avais jamais rencontré quelque chose de semblable auparavant", a-t-elle répondu.

Peter était mortifié alors qu'il dispersait tous ses biens matériels sur la table, espérant contre toute attente que les yeux de Mme Persill pourraient d'une manière ou d'une autre voir une opportunité de sauver la face et de le sauver d'un embarras supplémentaire.

"Te voilà !" Mme Persill s'est soudainement exclamée de surprise alors qu'elle attrapait soudainement de vieilles pièces ternies qui étaient sorties du sac en ficelle de son grand-père sur la table. Dans son état de confusion totale, il regarda Mme Persill vider tout sur la table avant de totaliser la somme totale - "sept et quatre pence, cinq pence et six pence—exactement juste ! Pas un centime de plus ou de moins que prévu !" s'exclama-t-elle avec joie.

Ses pensées ont changé. Elle sourit. "Désolé si je vous ai mis mal à l'aise ; malheureusement, l'argent de Londres n'a pas encore atteint ces régions ; même si nous avons tendance à être à la traîne."

Peter retira la bague de son doigt. "Laissez-moi au moins ajouter ce montant en guise de paiement ; la pièce d'or pourra sortir si nécessaire."

Son visage tomba alors que sa colère éclatait. "Ce serait tirer un avantage injuste de vous", a-t-elle argumenté, et elle se sentait particulièrement mal à l'aise d'avoir reçu autant d'argent pour sa petite contribution. Plus tard, elle s'est sentie très mal à l'idée de dépenser sept ou six dollars.

Peter a répondu avec un « très bien » discret et amusé. Son esprit s'égara vers la valeur de revente potentielle d'un vieil argent dans un magasin d'antiquités à proximité, ce qui pourrait expliquer sa préférence pour cet argent, même si cela semblait peu probable. Au lieu de cela, ses pensées retournèrent vers leur activité d'agence de maisons de vacances – peut-être que Mme Persill avait pris contact au sujet d'un règlement ?

"Et si j'offrais cette bague à William. A vrai dire, ma femme ne la porte pas très souvent - donc William pourra la porter quand il deviendra adulte !" Mme Persill hocha la tête à contrecœur en signe d'approbation.

Plus tard, elle s'est tenue à la porte et a dit au revoir lorsque M. Persill est arrivé pour l'aider à charger ses bagages.

Finalement, le cheval et la charrette s'arrêtèrent brusquement au bout du chemin, forçant Peter à sortir. Une fois au sol, il récupéra ses valises avant de regarder le cheval et la charrette tourner sans hâte à travers la route et revenir sur leur route le long de la ruelle.

Peter sourit et fit un signe de tête à M. Persill. M. Persill a rendu la pareille en touchant le toupet de Peter avec sa main dans le cadre de leur façon unique de dire « bon après-midi, Squire ».

Bientôt, il se retrouva seul et assis patiemment sur l'une de ses valises, attendant l'arrivée de George.

George entendit un klaxon de voiture retentir à proximité et quelques instants plus tard, la voiture de George s'arrêta à côté de lui pour récupérer leurs bagages pour leur voyage à venir. Tout fut rapidement emballé et ils partirent.

Peter était curieux de savoir ce que je faisais exactement lors de ces courts voyages hebdomadaires.

"Eh bien", a-t-il répondu, "j'ai en fait un petit magasin que quelqu'un d'autre gère pour moi et une fois par semaine, je me rends pour encaisser mes déclarations et empocher les bénéfices restants avant de rentrer chez moi.

"Je n'écoute pas", a déclaré Peter.

» demanda George alors qu'ils continuaient à conduire. "Qu'as-TU à dire," répondit Peter alors qu'ils continuaient leur voyage, "parle-moi de tes vacances, mon vieux." George a accepté et a tout dit à Peter sur leurs vacances - cependant, connaissant son scepticisme, Peter a gardé tous les détails non controversés tout en laissant de côté tout ce qui faisait sourciller ou susciterait des soupçons - comme son nom - George a fait une observation sur ce fait qui ressortait : Le Cottage Numéro Dix-Sept avait attiré son attention comme étant quelque chose d'inhabituellement charmant...

Sans signifie sans et Sanscroft me semble étrange. »

Deux semaines plus tard, Peter et Jill revenaient de leurs vacances ensemble au soleil, l'air en meilleure santé que jamais. Leur avion a atterri à l'aéroport d'Heathrow et ils sont repartis chez eux.

Jill a été quelque peu surprise de ne trouver que deux lettres sur le paillasson après avoir envoyé tant de cartes et de lettres à ses amis et à sa famille. À sa grande incrédulité, l'un d'entre eux appartenait aux gens de Country Cottages ; cela a été un véritable choc.

Cher M. Spencer, Malheureusement, en raison de circonstances imprévues, nous ne sommes malheureusement pas en mesure de rembourser votre dépôt.

Cordialement, sincèrement..............

Jill avait des soupçons à propos de Peter. Personne n'a plus jamais commis cette erreur ! pensa-t-elle, se rappelant à quel point il avait été inhabituellement calme pendant leurs vacances et mentionnait à peine la pêche comme activité. "Peter, j'ai besoin de te parler !" » annonça-t-elle avec colère.

"Ne soyez pas stupide Jill ; il y a eu une sorte de confusion. Je vais immédiatement envoyer une lettre à Mme Persill." Cependant, comme George m'avait laissé à Bramble Lane et qu'en faisant son voyage demain pour me livrer à nouveau, il pourrait très bien se garer au bout de Bramble Lane et marcher jusqu'au cottage de Mme Persill afin que nous puissions lui donner des fleurs à lui livrer pour moi. - ainsi que de s'occuper des affaires de paiement."

Jill haleta à ce qu'elle entendit. Vous avez séjourné dans un chalet gratuitement pendant une semaine entière avec des personnes auxquelles vous ne vous attendiez pas ? "Ça me semble fou !" Jill était stupéfaite. "Cela signifierait rester impayé avec des inconnus qui ne s'attendaient même pas à vous !"

"S'il vous plaît," répondit Peter, "Je suis aussi confus que vous. Laissons le problème derrière nous et faisons confiance à George pour gérer les choses à notre place.

Peter était conscient que les mauvaises nouvelles arrivaient souvent par paquets, c'est pourquoi il ouvrit la deuxième lettre dans l'espoir que toute information négative supplémentaire pourrait être présentée de manière plus positive.

"Nous devons rencontrer l'avocat à 15h30 ce samedi", a informé mon père. "Il s'agit du colis que mon grand-père leur a donné en fiducie pour notre bénéfice après son décès.

Vendredi soir, ils attendaient tous les deux avec impatience la visite de George, après avoir pris un café dans la cuisine lorsqu'il frappa finalement à leur porte.

Jill ouvrit la porte et s'exclama avec soulagement : « Enfin ! Elle attendait ce moment avec impatience depuis des mois maintenant et ne prit pas le temps de le calmer avec une boisson chaude avant de demander : "Maintenant, quelle est l'histoire de Bramble Lane ?"

"Mieux vaut s'asseoir ensemble", conseilla-t-il, "car aucun de vous ne trouvera beaucoup de satisfaction dans ma réponse.

"George," dit Peter, "avant que vous en disiez plus, j'aimerais vous raconter à tous les deux toute l'histoire. Avant, cela me paraissait trop incroyable pour y croire."

Une fois que Peter eut fini de parler, tout le monde se tut avant que George ne finisse par percer et fasse une annonce pour rompre.

« Peter et moi avons quitté le village en direction de Bramble Lane le long de ce que l'on appelle « l'ancienne route ». En quittant Bramble Lane, nous avons pris ce qu'on appelle la nouvelle route qui bifurque brusquement à gauche juste à l'extérieur et personne n'a pris la peine de la signaler, typique des villages ruraux. Une fois de plus, quinze milles plus tard, toutes les routes se rejoignaient. J'ai vérifié cette nouvelle route et j'ai été surpris lorsque Bramble Lane est apparue exactement là où elle aurait dû. Mais ce n'était pas notre Bramble Lane ; au lieu de cela, il y avait des voies beaucoup plus larges avec des finitions goudronnées par rapport à la précédente ; j'ai donc fait demi-tour et repris son ancien chemin. "Après l'avoir minutieusement inspecté de bout en bout, il n'y avait aucun signe d'une ancienne route menant à proximité de l'endroit où je le voulais, je suis allé dans la bibliothèque du village où tout est devenu clair ! Il y avait autrefois une ruelle AMBLE menant d'un ancienne route vers ce qui était autrefois connu sous le nom de Persill Cottage-Farm ; malheureusement, ils ont tous disparu depuis et leur ancienne ruelle et leur ancien terrain ont depuis été démolis par les propriétaires fonciers ; les haies déracinées par la charrue n'ont fait qu'une bouchée des bâtiments indésirables ; existait sur son passage ; les deux bâtiments ont laissé derrière eux comme témoignage de sa vie antérieure !"

Jill et Peter se regardèrent avec incrédulité ; leur histoire semblait incroyable. "N'est-ce pas presque comme si le cottage avait accompli sa destinée ?" » se demanda George à voix haute.

Peter a été stupéfait et samedi, il s'est présenté au bureau du notaire pour le récupérer.

"Alors", a demandé Jill en regardant le paquet posé au bout de la table de la salle à manger, "devrions-nous avoir peur de l'ouvrir ?"

"Pas du tout", répondit-il, "mais j'ai pensé que vous apprécieriez peut-être qu'un tel honneur vous soit accordé.

En ouvrant le colis, ils trouvèrent une enveloppe contenant une lettre non scellée et un dossier portant le nom de son grand-père.

"Je n'aurais jamais cru que ton grand-père occupait son temps libre avec de telles activités", commenta Jill en ouvrant le dossier et en en sortant plusieurs pages. "Voulez-vous que je vous explique?" elle a demandé à Jill.

"Il ne l'aurait pas laissé s'il n'avait pas voulu que je l'entende, n'est-ce pas ?" » a demandé Ivy, ajoutant : « Il semble y avoir pas mal de poésie ici – j'espère que vous apprécierez de tout lire. Laissez-moi voir si d'autres étudiants souhaitent une lecture à haute voix. Elle sourit doucement.

Juste une lecture rapide aujourd'hui ; celui-ci s'appelle « Bref temps alloué ».

Combien de bougies ont été allumées et éteintes aujourd'hui ?

Ces fleurs ont laissé dans l'air leur parfum caractéristique ;

Mais c'était à une autre époque et il n'en reste aujourd'hui rien à partager avec d'autres.

Tant de pieds sont venus et repartis au fil des années.

Leur douleur fut temporairement atténuée à mesure qu'ils se réconfortèrent grâce à la compagnie de chacun et aux sourires sur leurs visages.

Chaque passager a reçu un cadeau tout au long du voyage.

Gardez ces pensées spéciales à proximité pendant de courts intervalles.

La chanson suivante est connue sous le nom de « The Thrushes Song ».

Les moments de faiblesse vont et viennent rapidement.

Savourez chaque instant qui reste, depuis ce précieux premier baiser, jusqu'à l'obtention du diplôme et jusqu'à la vie d'après.

Une personne que vous aimez a vécu quelque chose qu'elle regrette.

Comme s'envole rapidement le chant des grives.

"Jill, même la poésie semble pertinente à mon expérience. Ne lis pas plus loin."

Peter ouvrit soigneusement son enveloppe scellée. Une fois à l'intérieur, il lut à haute voix le préambule habituel avant de passer à des informations plus pertinentes écrites de la main de son grand-père :

" Peter, il y a quelque chose que je dois te dire qui aurait dû être dit il y a longtemps.

Comme vous m'avez toujours connu, mon nom initial était William Persill et non William Spencer.

Mes parents m'ont élevé jusqu'à l'âge de douze ans à "Sanscroft", à Amble Lane. Malheureusement, mon père est soudainement tombé très malade et est décédé plus tard, laissant ma mère souffrir encore un an d'hiver avant de succomber.

"Pendant ses derniers instants, elle m'a dit que je devrais recevoir la bague en or avec le souverain dedans. Elle l'a expliqué de cette façon : Vous vous souvenez peut-être d'un gentleman de la ville qui est venu pêcher et qui nous a donné sept et six pence ? Eh bien, j'ai gardé ça sept et six pence pour un jour de pluie - ce sera avec cette bague dans mon tiroir près de mon lit".

Après la mort de ma mère, le propriétaire foncier a trouvé une famille nommée Spencer pour m'adopter et me donner son nom comme étant le mien.

Ils furent rapidement distraits de leur conversation lorsque quelque chose tomba du dossier de Jill et roula sur la table, s'arrêtant devant Peter alors qu'il atteignait son siège : c'était son alliance !

S'exclama Peter, incrédule. "C'est impossible !" Il sortit rapidement une épingle de sa poche et l'enfonça dans une ouverture sur le côté de la bague - avec un clic audible, les griffes s'ouvrirent, libérant son souverain de sa place sur sa fine base en or portant ses initiales W P.

Jill regarda avec incrédulité les initiales de Jill. "Comme c'est remarquable ! Et pourtant vous avez donné cette même bague à un jeune William Persill !" Elle regarda l'oreille gauche endommagée de Peter ; Jill se souvenait que celui qui avait donné à Peter cette même bague l'avait également endommagée avec une gaffe ; je suis resté une semaine; payé sept et six pence.

Peter serrait fermement la photo encadrée d'argent d'une jolie jeune femme d'antan. Après mûre réflexion, il le remit dans sa poche ; peut-être que trop de choses avaient déjà été dites et montrées.

Jill a remarqué quelque chose d'autre à l'intérieur du dossier, alors elle l'a ouvert pour révéler un petit sac à cordon rempli d'anecdotes et de poésie de Gentle Clouds and Other Things - celui-ci contenait une autre surprise ! Jill l'a retiré lentement. Une petite pochette contenant ce contenu tomba lourdement sur la table et son contenu claqua comme du vieil argent alors que Jill la tenait fermement. Jill rangea rapidement ce qui restait à l'intérieur et trouva quelque chose d'intéressant : ce petit sac à cordon contenait « Anecdotes, poésie, doux nuages et autres choses ! » Jill réfléchit rapidement avant d'ouvrir cette enveloppe particulière d'informations contenant des anecdotes, de la poésie, des nuages doux et d'autres choses. Une anthologie que Jill pouvait lire à haute voix à Jill a été trouvée à l'intérieur, bien que Jill n'ait trouvé que « Nuages doux et autres choses – des anthologies que j'ai trouvées. dans ses profondeurs. Jill a sorti ce petit sac à cordon de ses profondeurs lorsqu'elle a réalisé que ce qu'il contenait contenait des anecdotes et de la poésie, de doux nuages et d'autres choses. Cela est apparu rapidement pendant que Jill commençait à lire quelques anecdotes et de la poésie avec de doux nuages et d'autres choses. Des choses

Sur ces voûtes bleues de haute altitude.

Un artiste au travail

En quelques instants, tous les problèmes semblent disparaître complètement et la résolution se produit instantanément.

Remodèle d'une autre manière.

Le ciel balayé par le vent apportait un certain soulagement.

Des formes mouvantes qui se précipitent.

Ce n'est que pendant une durée instantanée qu'un événement comme celui-ci peut avoir un effet aussi énorme.

Continuez sur votre lancée vers une nouvelle vie !

Ces formes cosmiques ont amené la lumière de l'espace profond vers la terre.

Dansez la terre et la mer

Des images captivantes qui garderont le public en haleine

A chaque nouvelle géométrie, cette forme éphémère émerge. Et pourtant, son apparition semble éphémère.

Cependant, malgré les apparences, la vie continue avec force et détermination.

Les choses qui restent cachées sont difficiles à identifier.

Mais peu de choses ont changé en ce qui concerne l'œil de Phoebus.

Les concurrents se battent pour garder le contrôle.

Sélène reste sous sa forme paarienne.

Jouer à l'absentéisme interlunaire.

Pourtant, lorsque le monde dormait tranquillement, rien ne changeait.

Animation respiratoire.

Nuages de cauchemar agités

Mère de la Création ? Vous pourriez dire.

L'air reste cependant constant.

De nouveaux looks frais adaptés à chacune de leurs personnalités dynamiques

Flèche subtile inclinée vers le bas.

Alors pleure pour subvenir aux besoins de leurs enfants.

Alors que les pierres précieuses étincelantes brillent comme des larmes de pierres précieuses étincelantes.

Explorez la magie de l'alchimie maintenant.

Les tiges de Phoebus sont de couleur dorée.

De bons souvenirs dans des endroits préférés

Les gens associent souvent de bons souvenirs à des lieux.

Vos choses et visages préférés,

Les objets précieux d'autrefois ne peuvent qu'augmenter en valeur avec le temps.

Gardez vos caisses en sécurité jusqu'à l'heure du rassemblement !

Quoi qu'il en soit, il y aura un coût

L'amour trouvé de manière inattendue ; pas attendu ni souhaité

L'amour reste incassable et garde ses liens ininterrompus.

Prendre soin ou être soigné

Les triomphes de l'amour peuvent être compromis.

Le vin a ses propres caractéristiques et nous avons tous tendance à privilégier certaines bouteilles plutôt que d'autres.

L'amour peut nous lier.

Le vin a été exclu de cette liste.

Inconnu de la plupart d'entre nous et donc incontournable.

Le sevrage ne provoque plus de symptômes révélant leur présence.

L'amour qui ne s'est jamais envolé

Quelque chose en vous est devenu une partie de qui vous êtes maintenant.

Un jour, il faudra l'arracher.

La vie doit continuer de manière indifférente et déprimante.

Yeager Years Dreams de Rachelle Jones-Hogan Une petite fille se blottit dans son lit alors que ses rêves se déroulent dans ce court conte animé de Yesteryear's Dreams.

Dès que la bougie fut allumée, ses ombres se dispersèrent rapidement.

Elle était consumée par des pensées et des images qui lui remplissaient la tête.

Les ombres revinrent, cherchant et traquant ceux qui se trouvaient sur leur chemin.

Au-dessus des jouets et des poupées, ils caracolaient.

Participez à une danse animée !

Bougie éteinte, elle ne brille plus.

Des enfants endormis alors que neuf heures sonnent.

Son éclat crie en disgrâce pour le soleil

Cachez sa flamme derrière un nuage.

Quand l'obscurité tombe sur une fête ivre.

Sa luminescence illumine tout ce qui l'entoure.

Le refrain de Dawn confond ainsi la nuit.

Même les créatures de la nuit ont tendance à se coucher tôt.

Mystère primordial pour Flore à travers ses couleurs, ses senteurs, sa teinte verdoyante et son mysticisme unique

Bien avant que notre planète ne devienne habitable, sa faune prospérait sur Terre.

Cela doit se passer ainsi ; rien ne changera le cours des événements.

La faune n'a pas besoin de terrains arides comme habitat.

Des choses à goûter, à sentir et à voir

Étant donné que cette école n'accepte pas les inscriptions d'étudiants, cette offre ne répond à aucun besoin en personnel.

Aucun œil n'a encore vu le jour pour surveiller cette terre.

Ne jamais taper du pied dans le sable.

La flore contient des messages indiciblement puissants sur la vie elle-même.

Ouvrir les yeux suivrait certainement.

Dois-je faire confiance à ces yeux

Elle avait ce regard spécial sur son visage alors qu'elle souriait pour que vous puissiez le voir.

Au moins, elle pourrait le faire mieux que quiconque. Personne d'autre n'avait le pouvoir de peindre des images aussi vivantes qu'elle.

Dois-je faire confiance à ces yeux envoûtants ?

C'est tout - rien d'autre n'est nécessaire.

Cela peut parfois être une approche trop hâtive.

Avant, j'ai connu des entreprises qui me donnaient de faux espoirs.

Mes émotions me disent le contraire ; mon corps dit la vérité :

Des pensées qui mènent à la honte.

Pas une seule fois au cours de mes années de voyage, je n'ai envisagé d'être végétarien.

Ses craintes pourraient être comparables.

Pussy considère les pattes et leurs effets

Est-ce que j'aurais peur d'une maison hantée ? Non, à la place je m'endormirais d'ennui

Mais tu ne trouverais personne.

Partout où les chats passent du temps, cela pourrait indiquer des problèmes de comportement potentiels chez eux.

Réduire les angles morts, c'est voir ce qui n'existe pas.

Y aurait-il une réponse à cette énigme ?

Les fantômes ont-ils toujours joué injustement ?

Imaginez-nous tous habillés uniformément ; Est-ce que cela nous ferait paraître arrogants et nous empêcherait de faire les choses comme elles le devraient ? Il y aurait certainement moins d'actes incontrôlés.

Les réformes calvinistes et les moralités douteuses semblent étrangement familières : sommes-nous à ce point paranoïaques quant à notre mortalité en tant qu'humains ?

Tous les moggies sont-ils superstitieux ?

Fait un tour d'une échelle

Quelle solution leur semble la plus prudente ? Est-ce qu'on fabrique des poupées vaudou pleines d'épingles ?

Devons-nous nous tourner vers les chevaux et les chiens pour nous protéger de nos péchés ? Chose intéressante, beaucoup pensent que les deux espèces possèdent des capacités surnaturelles pour guider nos vies et nous délivrer du châtiment éternel pour nos offenses. Il est étrange de constater à quel point le cheval et le chien entretiennent des liens spirituels si similaires.

Cependant, les souris et les lapins ne sont pas la proie de cette maladie comme nous, les chats.

Les êtres humains présentent des tendances comportementales bizarres.

La nature semble nous offrir toutes sortes de créatures à découvrir.

Attribuer ce qui n'existe pas peut être difficile.

Sauf la race humaine !

C'est assez inhabituel !

Les yeux Callow se sont baissés d'eux-mêmes Je suis retourné dans un endroit que je connaissais bien où il y avait eu des problèmes auparavant, à savoir les yeux Callow sont tombés d'eux-mêmes

Personne ne lui a jamais donné ce qui lui était dû. Le voici; néanmoins.

Comme sous un ciel obscur.

À mesure que la terre roulante se déplaçait vers l'est, son mouvement de roulement changeait progressivement de direction.

Avec une rapidité étonnante, elle a réussi.

La fin de mon voyage est arrivée !

Apportez de la chaleur alors que nous combattons le ciel gris de l'aube.

Dites adieu à son départ et dites adieu à tout cela.

À ce moment d'éveil, j'ai été témoin de quelque chose de surprenant et de choquant.

Comme des yeux naïfs pouvaient autrefois percevoir.

Là où l'amour existe, Winter Dieth.

Spécifique à l'été, il espionne.

L'amour est aveugle à tous.

Ne cédez pas aux demandes des autres.

Simulacre Diurne Dream/s C. Un rêve qui pensait exister ;

A quatre-vingt-cinq ans, elle découvre que son rêve n'a jamais vraiment pris forme. Au lieu de cela, il a rêvé et est mort à nouveau, comme il l'avait fait auparavant à différentes étapes et points de son voyage.

Chaque partition a été réécrite en utilisant des formulations spécifiques qui représentaient à la fois le rêveur et le rêve.

Les rêveurs disposent d'une certaine marge de manœuvre dans le cadre du thème qu'ils se sont choisi.

Improviser sur le thème

Les sous-scripts offrent aux subordonnés la possibilité de démontrer leurs attributs individuels.

Les rêves nocturnes font également partie intégrante de nos habitudes de sommeil et sont également des indicateurs importants.

Restez à l'abri des plans du mal grâce à des symboles à déchiffrer qui contiennent une signification cruciale.

Mais beaucoup d'autres vivent également des rêves quotidiens avec des thèmes similaires et des variations interactives.

Les rêves sont des programmes.

Ces cours étaient destinés à dérouler leur cursus.

Les symboles des rêves ont toujours été des symboles de terreurs nocturnes.

Indiquez les moyens de drainer leurs sources.

Les événements extraordinaires de Tallabudgera Creek À sa fin, Tallabudgera Creek s'est retrouvé avec une nouvelle identité.

Cette rivière, fraîche et limpide, prenait peu à peu du goût salé.

De la mer sortaient des sons menaçants et sombres indiquant un prédateur avec la queue fouettée vers l'avant, prêt à frapper.

Les sauveteurs ont crié à tous ceux qui nageaient de sortir rapidement dès qu'ils le pouvaient. En amont, la rivière traversait un affleurement de basalte qui soutenait ce qui allait devenir son dernier pont.

Sous ce pont, l'habitante a été brusquement arrêtée lorsqu'elle a rencontré un adversaire inattendu : un sauveteur dans un bateau avait installé sa zone d'accueil et silencieusement la créature s'est immergée sous sa surface.

Les rames des sauveteurs ont été déployées, frappant le dos d'un animal avec une force brutale.

Les observateurs étaient stupéfaits. Ce dont ils venaient de voir semblait impossible : un animal venait d'exploser en centaines de morceaux qui volaient. Un sauveteur a réussi à conserver quelques morceaux pour les sauver avant d'appeler une ambulance pour obtenir une aide médicale supplémentaire.

Mais ce qu'il tenait dans sa main ne semblait pas correspondre.

Il se tortillait et sautait.

Et puis retombé dans le ruisseau, désorienté et désorienté.

Comme mentionné précédemment, si vous renvoyez des composants supplémentaires, veuillez également les renvoyer avec ces pièces.

Rover a tenté de réformer leur monstrueuse clique. Même après avoir été retrouvé inconscient devant sa porte d'entrée, Rover n'a pas abandonné ; plus tard, il a fait un retour remarquable et a continué à se battre avec succès.

Toujours quelque peu étourdi et désorienté, le vétérinaire a fait sa prédiction : les sandwichs étaient probablement toxiques et devaient être rapidement éliminés de son organisme.

"Sandwichs à la viande!" s'est exclamée une dame avec enthousiasme, "George en a dégusté un pour le déjeuner, Rover en a mangé deux ou trois et j'en ai même mangé pour le brunch !"

Elle a rapidement appelé l'ambulance, qui a réagi rapidement et a rapidement sauvé George du travail et l'a emmené en toute sécurité, lui sauvant ainsi la vie d'éventuelles blessures causées par des menaces potentielles de la part de collègues de travail.

George sortait de l'hôpital en titubant, son lavement terminé. Sa femme était instable alors qu'ils suivaient Rover.

Après avoir entendu ce que leur ancien laitier avait dit sur la façon dont il avait laissé tomber une caisse de lait sur la tête de Rover, ils ont pris la décision de se séparer de lui.

Trois pêcheurs discutaient du type de fruits qu'un simple Shropshire pourrait produire en se promenant dans un champ pour explorer les résultats potentiels.

Le problème était qu'ils n'avaient qu'une seule paire de cuissardes, laissant deux personnes avec les pieds mouillés, laissées par une personne qui s'en fichait.

Ils se promenaient nonchalamment au cœur d'un pâturage quand soudain, leur conversation s'arrêta brusquement ; soudain, des vaches éparpillées avaient laissé un chemin tracé entre elles et eux.

Ils étaient tombés sur une énorme bête qui leur barrait le chemin ; alors qu'ils tentaient de le contourner, ils se figèrent sur place.

Une plaque métallique fixée autour de son visage lui avait fait relever la tête pour pouvoir voir. Seulement 10 pieds les séparaient ; les hommes furent surpris lorsqu'ils virent ses yeux en colère fixer sa cible.

Aussitôt, un frisson soudain rompit le silence.

Trois hommes partirent rapidement alors que leurs jambes retrouvaient leur prise.

Le taureau a éclaté comme une explosion, beuglant, hurlant et rugissant bruyamment.

Alors qu'il sautait et caracolait autour de la zone, le sol fut déchiré par son passage.

Une fois qu'il a arrêté d'avancer, il s'est arrêté à nouveau, a levé la tête et a ciblé un individu qui se tenait à proximité.

Une fois ses cornes mises à nu, le taureau se lança dans l'action ; malheureusement pour lui, sa cible entendit parler de son arrivée et changea rapidement de direction ; sans ajuster du tout son cap !

Cette créature bondit en avant sur une centaine de pieds avant de finalement se dissiper dans le néant.

Une fois de plus, elle fut bouleversée lorsque ses cornes et sa proie ne se rencontrèrent pas.

Comme il visait une autre victime, son résultat était prévisible et prévisible : le statut de victime.

Il harcelait et poursuivait chaque homme comme si quelque chose de fou se produisait.

Mais tous les hommes ont eu de la chance : chacun a trouvé sa barrière après avoir appris une leçon essentielle pour éviter de tels événements à l'avenir.

Même si un homme a appris plus que les autres ; ses jambes étaient plus lentes que la plupart des autres ; lorsqu'on est poursuivi par un taureau, la flotte et les pieds liquides sont les meilleurs.

Acte I) Le monde comme scène

Au sommet d'une montagne se trouve une étendue de territoire inexploré : « l'Everest ».

Avant l'aube, des nuages épais couvraient le ciel d'une obscurité sombre et dense.

Les lignes de bataille avaient été tracées et des batailles s'étaient ensuivies des deux côtés du conflit. Et puis, au loin, quelque chose de fâcheux est apparu – peut-être quelqu'un de force militaire ?

Une fois qu'ils eurent atteint l'ascendant, Éole poursuivit sa campagne pour la gloire.

Les nuages occidentaux ont été percés.

Et ainsi tout contaminer.

Les légions condamnées de l'histoire emboîtent le pas tandis que leur victoire vacille.

Où la valeur dans sa poursuite prend son envol.

La cohésion d'entreprise nécessite du dévouement. Y parvenir nécessite une unification. Différents nuages doivent alors travailler de concert.

Alors qu'ils vous dépassent dans la rue, les bâtards s'enfuient.

Les vents d'ouest soufflaient de manière incontrôlée jusqu'à ce que tout disparaisse de notre vue.

Et puis il s'est enfui la nuit en velours noir.

Terminer son évacuation de l'air respirable.

Reposez-vous pour que toutes les terres redeviennent paisibles.

De cette façon, aucune pression ne leur serait imposée depuis l'intérieur du Linceul.

Sky, où se déroulent les master class de pierres précieuses.

Lutte contre la Lune (Acte 2)

Deuxième acte avec rideaux tirés

Tout le monde apparaît sur scène habillé pour impressionner.

Clair comme s'il était illuminé,

Echo a endossé le rôle d'observateur silencieux. Elle détecte chaque bruit autour d'elle, écoutant de chaque oreille tout signe de détresse ou de plaisir des autres personnes présentes dans la pièce.

Les bruits contenus à l'intérieur des enceintes ne se répercutent pas vers l'extérieur.

Selene prend le temps de réfléchir aux images qu'elle crée, son élégance se révélant à chaque clic.

Les lacs miroirs constituent un cadre idéal pour la vanité sur les lacs miroirs.

Aucune lumière ne tombe plus délicatement que lors de l'utilisation de LED.

Entrez par des fentes dans le vide.

Les voiles blancs sont décorés de parures

Les ténèbres ont été moins employées.

Ombres, enfants de lumière.

Il s'enfuit prudemment vers le vent, s'appuyant contre le mur et le poteau pour se soutenir.

Reconstruire les arbres pour qu'ils ressemblent aux vrais.

Les ombres, en revanche, sont comme des vagues qui viennent se briser sur les rivages.

Toutes les formes de matière commandée sont intrinsèquement magiques.

Le prologue de la matinée doit attester de cette réalité.

On a entendu Westward chanter toute la nuit.

Dawn sort soudainement de son sommeil onirique pour le rencontrer et faire la paix.

Relancer Séléné dans son voyage.

Au début, elle essaya de le cacher mais commença lentement à perdre son éclat.

Chaque instant passe au bord du chemin. Chaque nouvelle aube apparaît, apportant avec elle quelque chose d'ancien.

À mesure que les jours passent et doivent éventuellement passer, l'abandon suit souvent le mouvement. Mais en fin de compte, de nouveaux départs apparaîtront lorsque les jours auront été donnés à leur juste valeur.

Des séquences fraîches et imprévisibles.

Ce processus couvre tous les aspects de la vie.

Tout a changé maintenant.

Aller de l'avant avec une résonance altérée.

Ce compromis « du nouveau pour du vieux » ne laisse rien de côté.

Je suis ici pour vous en présenter un que vous ne connaissez peut-être pas

Les objets rares et délicats peuvent souvent être difficiles à obtenir.

Atteignez les étoiles et trouvez leur jumeau, tout en vous sentant en sécurité dans votre peau et en trouvant la paix intérieure.

Atteindre, appeler et fleurir seuls ne peuvent pas suffire.

Le toucher doit se produire pour qu'il existe sous sa forme actuelle. Sinon, pourquoi est-ce arrivé ?

Ce qui ne peut être accompli est dû à un manque de consentement.

Incapable d'être ce qu'un autre signifiait,

Mais les moments précieux ne peuvent pas être récupérés ; il faut les vivre.

Ne restez pas les bras croisés et ne laissez pas les ombres s'installer.

Très jeune, ma famille m'a emmené à la campagne. À ce moment-là, mon innocence était déjà compromise.

On atteignait une énorme maison par un long chemin sinueux avec de hautes haies et une étendue d'eau, comportant des canaux à la fois peu profonds et larges - cela ouvrait la voie à son arrivée à sa maison de destination.

Mesurant environ un mètre, je suis allé à la campagne.

Les petites maisons nichées dans des ruelles étroites étaient courantes.

Les haies étaient si basses et l'eau pouvait à peine s'infiltrer dans le fossé.

Il a dû se trouver pendant trois siècles dans une zone isolée, oubliée et seule, jusqu'à ce qu'il soit finalement déterré sous la canopée d'une forêt, pourrie et envahie par les plantes et l'herbe.

Le temps a hermétiquement fermé ses ouvertures, les hermétisant davantage à mesure que l'emprise hermétique du temps se resserrait davantage et que le lierre suspendu à son plafond prenait un dernier souffle de vie avant de tomber complètement.

Une petite source de lumière brillait comme une bougie vacillante.

Des lumières à motifs illuminaient l'obscurité, révélant davantage de choses. Les murs étaient fissurés et déformés par de petites fenêtres invisibles ; les vieilles feuilles reposaient paisiblement là où aucun vent ne souffle.

Alors que j'étais là, au cours des trois cents étés passés, rêvant d'une pièce presque inaccessible qui ne résisterait pas à l'épreuve du temps, mon imagination a commencé à imaginer mon évasion fatidique.

Cette visite sacrée a envoyé des ondes de choc à travers mon corps alors que tout ce qui était auparavant resté obscur était désormais clairement mis en évidence.

La lumière du soleil s'était maintenant répandue sur le sol comme une étendue de chaleur, procurant une chaleur réconfortante sur laquelle mes pieds pouvaient se reposer.

Où la lumière s'infiltrait à travers une porte en bois ouverte. J'ai regardé avec émerveillement et j'ai erré librement parmi les objets simples avant d'explorer plus loin pour apercevoir des clairières offrant des vues dignes des rois.

Des violettes ont fleuri devant ma porte d'entrée, apportant un doux parfum parfumé dans la pièce. Dès que je me suis agenouillé et que j'en ai soigneusement choisi un dans sa vigne, son parfum a rempli l'air et j'ai pu détecter son arôme dans chaque respiration que je prenais. Mais peu de temps après, il y avait clairement des preuves de mon activité intérieure.

À mesure que je me sentais de plus en plus mal à l'aise, mes nerfs ont commencé à s'effilocher.

Mon esprit a commencé à vagabonder dès que j'ai vu que la pièce avait changé ; il y avait de nouveau l'obscurité et la décadence et je me sentais désorienté. Pendant des heures, mon regard s'est attardé sur cette peinture d'un lieu depuis longtemps oublié accrochée à mon mur.

Au début, je me suis contenté d'une anomalie ; cela semblait la solution la plus sûre jusqu'à ce que je remarque à mes pieds..........une violette fraîchement cueillie.

J'ai récemment installé une vieille peinture de ma collection dans mon espace de vie pour l'exposer.

Il me semble avoir vu une image avec un arrière-plan étrange – quelque chose comme une vue intérieure d'une cabane ou d'une cabane abandonnée qui avait été victime des efforts de réhabilitation de la nature.

Son origine était dans une maison abandonnée.

On le croyait mort et disparu : son propriétaire absent n'avait laissé aucun testament ni document de planification successorale derrière lui.

Je m'enfonçai profondément dans mon fauteuil et réfléchis un moment avant de donner une réponse.

Moi y compris, cette histoire a apporté de la joie.

Une lourde bûche inattendue est alors tombée, interrompant l'incendie.

À mesure que les flammes montaient plus haut et éclairaient la pièce, leurs formes vacillantes formaient d'étranges formes changeantes qui semblaient modifier son cadre et transformer l'image qu'elle contenait.

Dès qu'il ouvrit la porte de sa cabane, un soleil inconnu illumina l'intérieur.

La conscience est alors devenue disjointe pendant un instant ou deux.

Mon cœur était brisé car le téléphone ne revenait pas là où il le devrait.

À mesure que je m'approchais, mon estomac a commencé à se retourner, alors que je me suis retrouvé soudainement paniqué par ce qui s'était passé.

Je me suis retrouvé sur un terrain inconnu.

Je me suis retrouvé à l'intérieur d'une cabane rénovée et propre.

Mon tableau avait autrefois été accroché dans ce cadre.

Alors que je paniquais pour échapper à son emprise, je me suis retourné pour découvrir un mur inattendu qui ne figurait pas sur la photo : il y avait une peinture à l'huile représentant la pièce que je venais de quitter.

Le feu et la chaise de ma présence avaient complètement disparu.

Alors que j'essayais désespérément de m'échapper, je me suis tourné vers la porte.

Même si tout ce que je voyais indiquait un repli sur soi, je n'ai pas emprunté cette voie.

Avancer dans la lumière était mon prochain mouvement.

Les violettes avec leur parfum délicat ont attiré mon attention.

J'ai contemplé un endroit incroyable.

Alors que je me retournais pour regarder la cabane en bois qui appartenait autrefois à nous tous, la nature avait repris ses droits sur tout et nous avait caché son apparence d'origine.

Alors je me suis balancé sur mes talons et dans les arbres.

Mes genoux étaient remplis de verdure.

Les choses avec lesquelles j'étais devenu familier semblaient moins convaincantes et moins familières ; et Summer semblait moins prometteur.

Mon esprit était ébranlé, car il n'y avait aucun moyen de mesurer sa peur à venir ou son plaisir restant. Ainsi, suivre mes pas le long d'un flux émotionnel m'a conduit tour à tour à chaque scène vibrante et délicate.

Une voix inattendue venant de près, qui n'avait aucune forme visible, me sortit de ma rêverie.

Après avoir été touchée à l'épaule par une main inattendue, mon attention fut fixée sur deux yeux célestes qui semblaient également fixés sur moi. En m'éloignant d'elle de deux ou trois pas, j'observai trois grâces féminines que je reconnus ; elle avait de belles formes, manières et traits du visage qui se combinaient pour former un personnage exquis.

Comme par magie, cet endroit scintille de charme.

À partir de cet instant, j'ai su que je ne repenserais plus jamais à une pièce avec un tableau représentant une cabane sur son mur.

Elle se tenait dans un endroit étrange et impossible – The Old Painting III.

Elle se tourna et me regarda directement avec une disposition lumineuse et ensoleillée.

« Je vous ai envoyé le tableau, dit-elle, d'une cabane.

Votre porte s'est ouverte, alors ne regardez pas en arrière !

"Dites-moi vos pensées", a demandé la jeune fille d'une voix douce, mais mes mots semblaient insuffisants comme réponse. Dès qu'elle s'est rapprochée, ses paroles douces m'ont rappelé de m'asseoir car il y avait des problèmes à partager.

"Mon histoire peut vous paraître étrange, mais rien ne se passe jamais comme prévu.

Vous avez parcouru avec aisance le terrain complexe de votre monde, déchiffrant des signes que peu de gens ont reconnus.

Ils vous ont peut-être conduit jusqu'ici, mais je vous en ai fourni les moyens. J'ai peint ces symboles qui sont apparus dans vos rêves ; J'ai également été la source de toute douleur lorsque la vie semblait transpercée comme une flèche.

Mais nous sommes des opposés censé se réunir.

J'étais votre guide vers la lumière.

Vous vous souvenez de l'histoire de The Briary Rose ?

Eh bien, je suis ce prix pour avoir suivi votre chemin.

Elle sourit à nouveau, mais fronça soudain les sourcils alors que les fleurs et les arbres éparpillés se désintégraient autour d'eux. Peu de temps après, il reconnut une scène qui était apparue auparavant dans l'un de ses rêves.

Elle sourit à nouveau alors qu'elle suivait son regard vers la scène spectaculaire s'étendant sur des kilomètres dans le ciel, les entourant tout autour d'eux et les entourant tous enveloppés dans le brouillard.

Il était une fois une armée de défenses en ivoire qui dépassaient du sol.

Et l'espace est rempli de millions d'arcs-en-ciel scintillants.

Êtes-vous blotti dans ses bras à défenses

Les choses se passaient sur ce plan céleste et tout semblait juste et juste.

Votre travail ne peut pas rendre justice à notre ciel magnifique.

Mais ce n'était pas un rêve ; c'était très réel et semblait vibrant de vie. Un contact sur sa main la ramena à sa concentration, écoutant tout ce qu'elle pourrait dire d'autre.

"Peut-être que je t'ai rafraîchi la mémoire", suggéra-t-elle.

"Car j'ai créé la même vision il y a longtemps dans ta tête.

Vos rêves peuvent contenir des indices de compréhension ; votre esprit doit découvrir comment.

Alors laissez-moi partager ce que votre esprit avait rassemblé.

Reprenez l'interprétation allégorique de votre rêve et elle pourrait se révéler une fois de plus.

Image de la ville gâchée par un ciel hostile.

C'est-à-dire des pensées indifférentes qui s'entrechoquent et luttent.

Même si les défenses servaient uniquement de symboles représentant la manière dont les pensées indifférentes pouvaient perdre leur importance, la formation intérieure et plus légère de l'arc-en-ciel représente un esprit qui a atteint le niveau de discrimination.

La conscience peut être trouvée partout dans ses nombreuses teintes – l'arc-en-ciel représente cette vérité.

Examiner les choses à travers leurs éléments constitutifs.

Ainsi, un esprit ouvert a la liberté de voler.

Il n'y a pas d'autre chemin menant au ciel que par la prière et l'action entreprise en vous-même.

Mais c'était votre rêve et c'est votre réalité.

À ce stade de votre immortalité se trouve votre immortalité !

Elle se rapprocha de plus en plus jusqu'à ce qu'il ne reste qu'une seule personne, respirant.

Réunissant ainsi deux genres totalement indépendants.

À première vue, ils peuvent paraître similaires, avec une forme corporelle identique prenant son envol.

Le Giver Taketh a été capturé avant de pouvoir tomber.

Aucune trace n'a été laissée pour que quiconque puisse s'en souvenir.

Et avec ce mot vint un mouvement rapide.

Jamais aucune action n'a atteint sa destination prévue.

Maintenez la brise dans votre main pour un peu de soulagement et de fraîcheur.

Les arbres gisaient tranquillement sur le terrain.

Oeil qui a vu le monde

Les ténèbres sont tombées sur la terre.

Espion Nocturne : Hélius le Roi des Cieux.

Sélène a un œil imperturbable.

Hélius ne dort jamais ! Il ne baisse jamais sa garde !

Sélène lui sert d'espion nocturne tandis que Nyx, connu sous le nom de Porteur de l'Ombre, en assure la protection.

Caster du terrain la nuit

Helius se voyait à travers le miroir lunaire.

Illuminez la nuit avec un éclairage proxy.

Nyx, connu sous le nom de Porteur d'Ombres.

Alors que l'obscurité tombe sur le pays, un silence inquiet règne en maître.

Secrète et timide, elle se dissimule sous un voile pour rester à l'abri des regards.

Attention aux processus abstraits

Il existe différents moyens à notre disposition pour nous aider à comprendre les processus abstraits.

Ce qui ne peut pas être directement touché ou vu.

La recherche de solutions peut dépendre de sa source.

Le temps révélera d'autres chemins.

Les premières cartographies de ses marges existent.

Ainsi, la personne objective se tourne vers l'intérieur.

Placer un pied de manière instable et hésitante,

Naviguer dans un environnement intérieur intimidant est souvent difficile et effrayant.

D'où il vient,

Felis Australis Tous les experts sont d'accord : ce sont ses idées qui ont donné naissance à ses actes et à ses paroles.

L'Australie ne possède aucun félin indigène.

Les sauvages sont d'accord ; tous sont présents.

Mais j'en ai croisé un qui insistait particulièrement pour se déplacer librement.

Depuis son invention, ce type d'objet a toujours existé.

En 1969, juin était le mois en question.

"...une nuit qui devient jour, sous une lune du désert..."

Des pistes sablonneuses inconnues apparaissent après un examen plus approfondi.

Carnarvan et Minilya.

Rien n'a été modifié par le son pour provoquer sa dispersion.

À mesure que l'on devient immobile et contemplatif, les pensées peuvent inonder notre esprit et menacer de prendre racine et de se transformer en plans d'action.

Du sable rouge s'étendait tout autour, créant une surface idéale pour travailler.

Course longue distance sans limite.

Mon côté a soudainement ressenti un mouvement inattendu.

Un chaton aux yeux grands ouverts a été révélé.

Êtes-vous assis à plus de deux pieds de haut ?

Une fois, à trois mètres de moi, je n'ai pas eu l'air timide.

Longues jambes et formes épurées.

Ces adorables chiots présentent des oreilles touffues et une fourrure colorée.

Dès qu'une couverture devient indisponible, aucune protection ne peut être atteinte.

Ne le sachant pas, nous comptions les uns sur les autres.

À un moment donné, votre intérêt cessera.

Aussi vite qu'il est venu, il est parti trop vite.

Je me retrouve perplexe et perplexe face à toute cette épreuve, me laissant complètement perplexe et perplexe.

« Mon imagination avait-elle pris un chemin inattendu ?

Ce n'est pas le cas ; J'avais un témoin indépendant comme source à des fins de vérification.

Une personne évacuée sort d'une petite voiture rouge.

D'un coin de campagne isolé où ils avaient fui 50 ans plus tôt.

" Ce moment restera à jamais gravé dans son esprit. Un frisson lui parcourut les os. "

Il regarda autour de lui, observant tout ce qui se trouvait sous ses yeux.

Un terrain plat et bien labouré était disponible.

Le petit ruisseau gargouillait toujours.

Assurez-vous que l'emplacement est clairement identifié.

Là où se trouvait autrefois un chalet

Désormais, ils n'avaient laissé aucune trace d'eux-mêmes derrière eux.

Il s'est retrouvé à voyager dans le temps.

Trop jeune pour l'aventure ? Pour les garçons trop jeunes pour de telles aventures, l'exploration n'est peut-être pas encore une option.

Que me disent mes pieds ?

Le repos et la détente étaient recherchés.

Il s'était lentement frayé un chemin le long d'un chemin de campagne, dans un air banal, à l'exception de quelques bruits d'animaux.

La nature a son propre domaine où elle règne en maître. Vous pourriez apercevoir un animal ici ou un oiseau là-bas !

Les observateurs des haies peuvent apercevoir les orchestrations mélodieuses de la nature depuis le regard des haies.

Il se détendit rapidement et retrouva un état d'esprit calme.

Mais le bruit de l'eau qui coule reste présent.

Il entendit de légers grondements venant de tout près et vit rapidement un vieux pont de pierre apparaître devant ses yeux.

Émerge un talus en terre avec un ruisseau qui coule en dessous.

Une entrée inattendue révéla une ancienne maison nichée confortablement parmi l'herbe et les haies dans un petit champ clôturé.

"Bonjour jeune homme, entrez s'il vous plaît."

De nulle part est venue une voix ;

Une fois, invitant depuis un porche fermé.

À première vue, c'était une femme élégante aux cheveux blancs.

Les visites à ce chalet ont été fréquentes.

À partir de ce jour, le garçon a fait de grands progrès.

Mais son séjour fut de courte durée.

Un jour, il a disparu.

Une fois de plus, je suis retourné à Londres.

Maintenant que le blitz était terminé.

Au fil du temps, les années ont passé et ont fini par revenir.

Un très tardif venu était récemment devenu propriétaire de sa nouvelle entreprise.

Propriétaire d'une petite voiture rouge toute neuve.

À l'exception de l'âme, tout le reste vous appartient et ne doit pas être considéré comme faisant partie de votre propriété.

Les trésors de la Terre finissent par périr ; toutes choses sont faites de façon éphémère.

Le jade d'âme est le seul trésor disponible.

Comme il reste non filtré, il transmettra.

Le trésor est de retour à l'Elysée !

Amour non partagé

Alors que je regardais et désirais, mes sens ont été envahis par votre présence. Même si d'autres avaient une signification particulière pour moi, aucun ne pouvait se comparer à vous en termes de passion ou de charme.

Mais comment puis-je aimer quelque chose que je ne peux pas donner en retour ?

Croyez en plus que ce qui est visible.

Qu'est-ce qui vous a retenu, obscurci les étoiles ?

Vos pétales sont malheureusement tombés dans mon vase.

Serons-nous un jour libérés des étendues glaciales de l'hiver L'hiver dernier a laissé ses empreintes derrière lui, mais a depuis longtemps disparu dans les airs sans laisser derrière lui autre chose que le souvenir de nous ici sur le sol.

À mesure que le temps avance, ses vents nous feront avancer jusqu'à ce qu'ils nous transportent directement là où se situe notre place dans la vie.

Mais nous ne pouvons pas laisser derrière nous ce qu'ils auraient souhaité conserver.

Les feuilles doivent unir leurs forces pour que les brises passent librement dessus.

Même si la vie nous a préparé autrement, s'attarder dans l'abstrait peut souvent devenir dévorant.

Découvrez les mystères des arbres spéciaux

Sœur descendit le chemin de halage en titubant.

Une voie navigable abandonnée offre de nombreuses possibilités de pêche, mais beaucoup ont perdu tout intérêt.

À mesure que ses forces diminuaient, son état devenait de plus en plus grave.

Sans aucun doute, sa lourde prise était impressionnante.

Les combattants n'ont pas cédé et n'ont offert aucune concession au cours de cette longue bataille.

Elle n'avait pas eu de chance et n'avait pas encore attrapé de poisson.

Elle réalisa que c'était son frère dans l'eau.

Il a pris des cours de natation.

Ils y avaient travaillé sans relâche.

Et avec cela est venue la confiance.

Les choses étaient arrivées à leur conclusion.

Dès qu'elles étaient utilisées pour la pêche, les cannes et les lignes étaient jetées sans hésitation.

Au fur et à mesure qu'il entra dans l'eau avec enthousiasme et confiance, sa confiance ne fit que se renforcer.

L'eau mousse tandis que des bras habiles s'agitent pour la combattre.

Ils ont exécuté leur écorchement optimiste.

Il est tombé du plafond comme du plomb.

Il a continué à prier jusqu'à ce qu'il touche le fond.

Il réussit à retenir son souffle.

Parfois, je pouvais juste distinguer le fond.

Il y avait des détritus partout.

Une fois de plus, il fut oublié et rejeté. Sans même y penser, il s'est enfui comme un sous-marin invisible.

Alors que je me dirigeais vers l'autre rive, passant devant des chaussures détrempées et des bottes Wellington abandonnées, j'ai remarqué des baskets et des Wellington détrempées et gorgées d'eau sur les deux rives de la rivière.

Maintenant, il était quelque peu vexé. Wentworth avait découvert que le réservoir contenait de l'eau sale, ce qui avait laissé son ami mécontent.

Il a toujours été connu pour éviter de perdre et était toujours prêt à se battre durement pour la victoire.

Même s'il se sentait plutôt spécial, il ne le vivait pas de cette façon.

Christopher possède l'expertise nécessaire pour un voyage sous-marin.

Maintenant que toute cette formation est révélée au grand jour, toutes ces techniques secrètes sont désormais de notoriété publique.

Il avait un projet important et cette décision particulière en faisait partie.

Désormais, tous les garçons du coin nageaient dans une rivière voisine, mais son ego l'empêchait de les rejoindre ici.

Il a appris à livrer jusqu'à ce qu'il puisse le faire lui-même avec succès.

Finalement, notre journée était arrivée dans la zone de baignade voisine.

Là où les nageurs naviguaient dans les eaux, c'est là que se trouve la scène de l'activité : des nageurs nageant à travers un réseau complexe de canaux pour accéder à leurs destinations respectives.

Maintenant étudiant à cet endroit.

Des railleries s'ensuivraient sûrement.

Comme avant, mais maintenant avec un style indépendant.

Il n'était pas gêné de comparaître. Ce lieu de baignade offre de nombreuses possibilités de baignade. La rivière offre de nombreuses possibilités de baignade.

Couper un vieux chêne suffisait à lui faire soupçonner qu'il pouvait être creux ; alors, comme ils sont parfois creux, il a décidé de les inspecter.

Alors il s'est glissé dans la rivière.

Alors qu'il explorait les environnements sous-marins, personne ne l'a remarqué.

Sous le grand vieil arbre se trouvent de beaux jardins.

Il a découvert qu'il était creux.

Une entrée sous-marine.

Ainsi commença un plan astucieux pour contrer leurs efforts.

Il ne montrerait aucune pitié envers ces garçons.

Il a vu que tout était prêt, alors il est entré en courant.

En concentrant leur énergie et leur attention, ils ont fait une déclaration impressionnante sur eux-mêmes et ont fait la une des journaux du monde entier.

Il a créé son tableau de bord sous-marin.

Sa tête remonta à la surface.

Au début, il était réticent à bouger, alors il a choisi d'attendre plusieurs minutes dans la partie creuse jusqu'à ce que son souffle se transforme en gaz, puis de finalement sortir par son point de sortie.

Il ne le remarqua pas jusqu'à ce qu'il entende des cris.

Il a plongé et a commencé à nager vers le rivage.

Les subtilités doivent rester sur leurs gardes à une distance d'une trentaine de mètres pour éviter d'éveiller les soupçons.

Êtes-vous à la recherche d'une cachette cachée ?

Il disparaissait quelques minutes à la fois.

Le temps était facile à suivre car il pouvait les entendre compter les points.

Sa renommée était largement reconnue.

Les gens sont venus le voir, mais personne n'a découvert ses secrets.

Noms des arbres

Chaque mot restera, tandis que d'autres disparaîtront bientôt de nos vies.

Flotte d'apparence, puis évaporez-vous !

Des mots élégants qui perdent de leur valeur :

Le langage vernaculaire aide à les ramener sur terre.

L'ésotérique arrive toujours en tête.

Les mots que nous ne comprenons pas entièrement peuvent nous poser des problèmes.

Cette vision assure ma constance

Que je pourrais être son parfum.

Pour que je puisse devenir son ombre

Suivez-la partout, peut-être que je pourrai être son écho et son paradis trouvé. Mes yeux se posent sur ton désir... Néanmoins, l'absence fait......

Au fil du temps, la capture éteint le feu.

La faim ne fait que motiver davantage les chasseurs.

Réduire l'appétit en faisant le plein d'aliments nutritifs réduira son intensité.

Mais pour que la nature prospère, il faut adopter de nouvelles cuisines en constante évolution.

Ce qui était autrefois là a maintenant disparu.

Paw Old Me ne prend pas la vie à la légère et sait ce que cela signifie ;

Il décide que mes nouveaux vêtements sont suffisants pour m'empêcher de sortir.

Mon chat n'apprécie pas trop lorsque ma concentration s'égare, alors il se jette simplement sur n'importe quel livre que je lis sans cligner des paupières.

Il ne semble pas trop aimer que mes vêtements soient recouverts de fourrure ; mais il ronronne quand même et commence à les accrocher partout sur moi comme si c'était une sorte de jouet.

Je le place sur son nouveau lit douillet et je roucoule doucement avant d'attendre l'heure du coucher pour qu'il se faufile dans le mien !

Il fait constamment des ravages avec nos oiseaux de pommiers avant de venir chercher une attention affectueuse de ma part.

Il suffit d'ouvrir un placard de cuisine et il ne manquera pas de courir vers lui pour finir vite dans le tiroir à couverts, coincé bien serré ! Quelle horrible nuisance !

Alors que je dormais profondément sur mon canapé, il est entré comme un éléphant avant de décoller comme une balle tirée du canon d'un pistolet.

Mon magnifique tapis que j'ai récemment acheté ne l'impressionne pas du tout ; au lieu de cela, il le traîne jusqu'à ce que je devienne presque fou de frustration.

Il miaule pour manger et sortir.

Très souvent, je viens dans ce magasin pour rien - et je finis par en ressortir, plus souvent pour rien du tout !

Au moins, je sais que j'ai le contrôle ici – ce fait restera pendant un certain temps.

"Je dois partir vite ; il a besoin de moi maintenant. Sinon il sera décontenancé."

Brève description pour allumer des bougies et les souffler (nombre de bougies allumées et gouttières).

Ces herbes parfumées laissent leur empreinte unique dans l'air.

Mais c'était à une autre époque.

Aucune trace n'est laissée pour montrer ce qui s'est passé.

De nombreux pieds ont traversé nos vies au fil du temps.

Ramenez leur tristesse et leurs sourires à la maison aujourd'hui.

Sur notre chemin, nous nous sommes arrêtés pour prendre un verre avec chacun d'eux en cours de route.

Pensées chéries pendant les brefs moments impartis.

Les présages se trouvent dans les limites de l'imagerie

Les compositeurs de musique soul écrivent la partition.

Celui qui manie le stylo est susceptible de produire des résultats peu fiables.

Ce qui semble correct et ce qui ne semble pas correct sont deux problèmes différents.

Une justice égale apporte d'énormes résultats.

Vivez toutes les émotions de la vie !

Une séquence inattendue de tensions.

L'ambivalence cache-t-elle une vérité obscure ?

Avez-vous besoin de développer votre intellect ? Et si on vous confiait une tâche secrète à accomplir ?

Si le personnage de Dexter reste en sommeil trop longtemps, sa décence deviendra probablement inutile.

De sinistres plans pourraient-ils contrecarrer la fuite d'Icare ?

Les présages résident donc dans l'imagerie.

Certains trouvent ce qu'ils ne cherchaient pas.

Janus montre comment il voyait tous les côtés, sachant ce qui se trouvait en lui et à l'extérieur de lui.

Mais il faut faire preuve de prudence dans les impasses.

La prudence, c'est ne pas admettre l'existence de quelque chose.

Supposons qu'un esprit en jachère réfléchisse à un accord.

Parmi ceux qui croyaient avoir vu, sept seulement en étaient réellement témoins.

Bien que peu probable, peu importe où nous regardons.

Les personnes gracieuses peuvent souvent être reconnues tôt.

Partout où l'endroit inaccessible existe.

Leur mémoire musicale reste avec eux pour toujours.

Lorsque les yeux et les oreilles ne peuvent détecter aucune trace, aucun signe n'est laissé à nos sens.

Des sentiments chaleureux et précieux.

Librement donné et reçu.

Même si votre voyage a été court, veillez à bien le planifier pour éviter des retards ou des annulations imprévus.

Votre chagrin n'a jamais été censé durer aussi longtemps.

L'amour crée un lien durable et délicat.

Reliez vos familles à travers l'espace et le temps

L'amour retient tout ce qui est beau dans son étreinte. L'amour offre un endroit idyllique.

Le sommeil apporte avec lui ses secrets. Mais nous devons les garder cachés.

Les moments du matin deviennent notre réalité.

Rappelez-vous lorsque vous dormez qu'il y a toujours un avantage à être alerte et conscient.

Il y a une intersection de ce qu'il faut pour réussir entre ici et après.

Où les êtres chers s'embrassent encore.

Sentiments

Un son, une odeur, un toucher ou une vue peuvent déclencher l'un des quatre sentiments suivants : le son, l'odeur, le toucher et la vue.

D'autres avec qui cela résonne parfaitement sont également d'accord.

Même si les perceptions des autres diffèrent, chaque expérience doit être partagée.

Quelque chose qui réchauffe les uns fait frissonner d'autres de froid.

Les moments mineurs vont et viennent rapidement, mais certains demeurent.

Gardez un moment pour plus tard : vous êtes sûr de chérir chaque seconde.

Un cœur brisé par quelque chose est-il décédé ?

Dès qu'il s'envole le chant des grives.

Le chat et le sorcier se sont réunis pour une bataille épique

Il accueillait des créatures de tous les continents.

Mais ils se sont vite ennuyés et ont commencé à se lisser.

J'ai été frappé par l'idée que peu d'humains étaient visibles.

Le chat curieux avait donc demandé de l'aide au sorcier.

Y aurait-il une explication ?

Les humains ont mal tourné, dit le sorcier.

Ils n'écoutent pas ce qui se dit en chacun.

Maintenant que j'ai commencé à raconter mon histoire, laissez-moi finir de vous la raconter.

Participez-vous tous à l'accomplissement d'une quête ?

La Terre abrite des rêves prédateurs.

Le chat repensa soudain à la Terre et à ses souffrances ; elle s'est soudainement retournée, en épaule les bras et en baissant les yeux. En repensant à ce qui s'était passé sur ce plan d'existence, elle commença à gémir. Se frottant une jambe au-dessus de la tête, elle criait à l'aide avant de se déchaîner avec toutes ses souffrances pour que tous entendent le sorcier.

Alors qu'il pointait sa patte vers la ménagerie en streaming, il se rapprocha.

Armés d'armes et de gadgets, ils se battaient toujours avec acharnement pour défendre leur territoire contre les ennemis de l'intérieur et de l'extérieur. "Vos souvenirs des choses tombées n'étaient pas réels ; ils faisaient partie de mon sort", expliqua le sorcier.

Enseigner était plus facile dans une atmosphère de faux-semblant.

"Pour garantir que les futurs visiteurs ne répètent pas les événements passés" Lorsque le chat a vu une souris passer en courant, mais ne l'a pas poursuivie, elle s'est demandé pourquoi.

Le sorcier l'avait remarqué et noté, déclarant : "il n'y a ni faim, ni colère, ni peur". A ce moment-là, le chat s'étira après s'être lavé le visage. Après cela, il se demanda à nouveau pourquoi les humains étaient tombés si bas dans la société.

"Ils abusent de leur capacité abstraite" répondit-il.

Réduire toutes les formes de vie à de simples serviteurs.

Mon sort ne disparaîtra jamais ; son pouvoir demeure.

Les pensées incessantes et déraisonnables conduisent à des actions insensibles.

Un individu est sorti de la foule et s'est approché de moi.

Un ronronnement incroyablement fort a été entendu du chat.

Alors qu'il fuyait quelqu'un de familier, il a ensuite heurté quelqu'un qu'il connaissait pour se mettre en sécurité.

Le sorcier regardait et admirait la vue imprenable.

Anti-stress pour les propriétaires de chats

Mon nouveau tapis est arrivé aujourd'hui. Nous ne pourrions être plus ravis.

Cette année, c'est la deuxième fois que cet étage est utilisé comme emplacement.

Elle est venue et a commencé à pulvériser et à éclabousser.

Depuis qu'elle a démoli la moquette l'année dernière, l'appartement puait l'urine de chat.

Elle déborde d'affection et de charme féminin ; pourtant nous sentons la ferme. Les visages portent avec patience sa langue et son nez collants, avant de vains voyages où savon et serviettes attendent leur destin.

Des petits coups de cœur ont été envoyés pour faire plaisir, rien ne semble irrespectueux ; tout est à négocier sauf là où c'est douloureux. Sauter aveuglément dans les bains a récemment été limité car ils n'étaient pas toujours vides et elle se plaignait souvent du fait qu'ils constituaient de l'eau gaspillée.

Ce n'était donc pas des troupeaux de rhinocéros qui jouaient au hockey dans notre bain ; non.

Moggy et sa balle de ping-pong ; nous sommes trop stressés pour rire.

Votre rendez-vous a été confirmé pour la castration ; il ne reste plus que deux semaines !

Tom d'à côté est amoureux de nous ; nous nous sentons très déprimés.

Les enfants détrempés sont allés nager

Les constructeurs ont creusé un énorme trou pour que les Soggy Kids puissent y nager.

Perdre un bus était déjà assez pénible ; S'ils avaient eu le moindre intérêt à ouvrir un pub, ils auraient dû remplir l'espace correctement.

Désormais, la bataille avait officiellement commencé.

Associer le pub à un événement ne fera qu'apporter de la confusion.

Alors que la pluie tombait d'en haut, elle remplit rapidement le trou. Les garçons du coin étaient ravis de ce spectacle.

Ils emportaient avec eux un radeau.

Jimmy et sa sœur sont arrivés ensemble.

Les ménagères cherchant à prouver la qualité de leurs créations faites à la main.

Leur bateau était construit en toile.

Cependant, après avoir été tirée pendant un demi-mile, elle est devenue mécontente et est partie.

Jimmy a dû grimper dedans, puis sa sœur l'a poussé, seulement pour que Jimmy retient ses cheveux pour ne pas les attraper. Sans qu'elle lui tire fort sur les cheveux, il aurait peut-être réussi à s'en sortir.

Elle a peut-être vécu un deuil.

Plus tard, alors qu'elle flottait sur un radeau instable, elle s'est sentie impuissante face aux vagues qui s'écrasaient contre lui.

C'était clairement un virage dangereux.

Jeter ma sœur à l'eau.

Jimmy a effectué une plongée sans effort.

Il a ensuite traversé, se frayant un chemin.

Les frères ne s'aiment généralement pas.

Au début, tout semblait voué à l'échec. Cependant, en atteignant l'autre côté de la situation, le succès est devenu évident.

Jim répondit rapidement avec indignation. Sa sœur demanda avec irritation :

C'est bien malin de votre part de penser que vous n'avez jamais appris à nager !

Au moins, la journée était assez chaude pour permettre à un couple mal rasé d'évacuer l'humidité et qui pourrait bientôt bénéficier d'une sorte de discipline.

Éole portait sa brise fraîche à travers le pays comme un baume apaisant.

Chaleur, fraîcheur, chaleur ou gel ?

Les porteurs de parfum transportent les parfums directement vers les narines de leurs destinataires appropriés.

Les animaux sauvages savent où se trouvent les réserves de nourriture.

La micro vie s'accroche à ses brises

Petites créatures sur des ailes.

Fournit de l'eau, de la poussière et des graines.

L'air frais aide à rétablir l'équilibre dans les zones stagnantes devenues sursaturées par la pollution et les maladies.

L'érosion perturbe et modifie le paysage.

Tout autour de lui sent leur main.

La nature doit se réorganiser.

Elle utilise sa voix et son énergie pour apporter des changements.

En comprenant chaque coin et crevasse, ils offrent une protection essentielle contre les dangers potentiels.

Rien n'est autonome sans son compagnon.

Détendez-vous un moment sur une mer scintillante.

Demain doit attendre et être vu.

Trouver quelque chose qui convient à chaque humeur peut être un défi.

Le voyage de Thésée à travers le Labyrinthe était un voyage intérieur ; une expérience qu'il ne ferait que par la pensée seule.

Il utilisait son ombre pour se protéger.

Attirer Ariane comme son idéal et lui confier tous ses espoirs était la clé.

Elle savait exactement où se trouvait la porte.

Elle savait que son fil d'or l'y mènerait.

Tout est relatif Imaginez que j'étais une libellule : rapide dans ses mouvements mais prompte à mourir.

Je sais comment je verrais ma vie si on me donnait une autre perspective.

Longue envergure et pas trop rapide.

Je rencontrais souvent diverses créatures se promenant.

Comme des zombies au ralenti.

Se moquer de l'industrie, avec des esprits si lents à réfléchir.

Je pourrais vivre encore trois cents ans si j'étais un arbre.

Je sais que je comprendrais ma vie bien différemment aujourd'hui si on me donnait une autre chance.

Une construction d'envergure moyenne et robuste.

Mes horaires varient selon chaque saison.

Vingt-quatre heures feraient mon année.

Les créatures qui marchent ressembleraient à des flous rapides.

Le timing n'est plus synchronisé.

J'aurais aimé être un continent, avec son magma chaud en son cœur.

Je sais comment je percevrais ma vie si on me donnait une autre perspective sur sa progression.

De taille moyenne et relativement active, elle était plutôt forte et déterminée.

Mon année se compterait en millions.

Il y a des spéculations selon lesquelles je porte la vie.

Sans ma conscience, je n'en aurais peut-être jamais vu.

La règle d'or de la nature Imperceptible à nos yeux, cette loi régit les motifs noir sur noir ou blanc sur blanc qui coexistent.

Ces termes n'ont aucune signification indépendante.

Le contraste est souvent un élément essentiel pour créer un intérêt visuel.

De subtiles différences de teinte existent les unes parmi les autres dans la vie.

Soyez social ou mourez.

La nature nous fournit de nombreuses lignes directrices utiles. L'une de ces règles est celle de l'équilibre.

Tout cela sert et alimente la vie.

Alors qu'elle se prélassait au soleil, un sourire apparut peu à peu sur ses lèvres. Notre heure viendra

J'ai rêvé que j'étais ailleurs.

Envoyez vos pensées dans les airs et ramenez-moi sa réponse s'il vous plaît.

Sa vision s'est d'abord formée puis s'est estompée.

Mon cœur implorait son retour.

Rêve : Elle parlait doucement.

"Notre heure viendra", alors je me suis réveillé.

Les énergies fluctuent, mais elles reviennent toujours en pleine force.

Mais l'imagination donne des ordres.

L'heure de la décision. Dans quelle direction ira-t-il ?

Dons n'accorde pas sans que je le demande

Unbidden est venu et a dit "Go Free".

Laissez l'esprit quitter la zone.

Volez au-dessus de l'horizon !

Aucun mot, ni même aucune tentative, ne peut exprimer de manière adéquate à quel point la vie peut être difficile et complexe.

Son impact est si petit que tout ce qui reste reste.

Les mots et le souffle ne peuvent pas contenir beaucoup de choses, tandis que nos souvenirs s'effacent dans l'histoire sans qu'il ne reste aucune trace de mémoire.

Sachez où et comment y accéder.

Les rêves flottent aussi librement dans les airs.

Vos plumes volantes prennent enfin leur envol".

Le chat berger noir

Un chat berger noir sortit en courant de derrière un coin sombre.

Silencieuses comme une ombre, ses pattes ne laissaient aucune trace.

Après être entré, il entra dans une pièce où quelqu'un dormait sans se rendre compte que sa présence était devenue si proche.

Une fois qu'un chat berger noir a pris le contrôle, tout a radicalement changé.

Réveillez votre âme.

Celui qui s'éveillait feignit l'incrédulité.

Les yeux maussades d'un chat berger noir ne doivent pas être ignorés.

Cependant, ce chat berger noir était venu avec une mission précise en tête : s'occuper d'une autre personne à sa demande.

Dès qu'un mouvement à proximité a amené leur pupille en vue, le chat berger noir s'est rapidement enfui dans la nuit ; tout à coup, un élégant Siamois apparut sur le sol.

Quelqu'un était mort des années auparavant et nous ne savions pas où il se trouvait.

Recueillir ces détails avait pour but de communiquer, de tenter de transmettre.

Au début, on peut se sentir désorienté au réveil, puis revenir lentement à ses esprits.

Il était entré dans un autre royaume. Il était évident qu'il vivait désormais une existence parallèle.

Mais ses tentatives pour la réveiller échouèrent lamentablement.

Tel avait donc été le sort de son ami siamois.

La vie peut devenir un piège émotionnel à mesure que le temps s'écoule, mais nous nous retrouvons piégés à l'intérieur trop longtemps.

Êtes-vous seul dans cette maison sans que personne ne se soucie de votre bien-être

Personne ne savait qu'il était toujours là ?

C'était donc la tâche du « chat berger » : rassembler toutes les âmes perdues pour les rendre à leur espèce. Mais pourquoi un humain est-il devenu au courant de cette connaissance ?

Peut-être y a-t-il un présage à ne pas négliger ?

À la fin de chaque journée, on ne peut pas lâcher son âme.

Quand les chaînes émotionnelles pèsent trop lourdement sur nos vies.

Quant à moi, et au chat berger noir que j'ai laissé derrière moi, car j'ai franchi avec lui la dernière porte de la vie au cours de ce voyage terrestre.

Un extra pour la soirée Nous aimerions révéler un secret sur nous-mêmes qui ajoutera quelque chose en plus à votre soirée de divertissement.

Attraction semble favoriser son utilisation continue de cette manière.

Assemblez des squelettes de placard dans le cadre de votre routine habituelle.

Même si j'aurais aimé que cela ne soit pas nécessaire, je dois révéler ce fait concernant le mien.

Il arbore des trotteurs à museau et un corps peu élégant.

Ne reste plus dans l'allégorie

Leur histoire commence dans une ferme isolée.

Après avoir vécu en ville jusqu'à ses cinq ans, en 1937.

A transformé les années trente en paradis

Même si j'avais des soupçons sur la raison pour laquelle mes parents m'avaient envoyé là-bas, ils ont quand même poursuivi leur plan.

Après cinq années d'escapades, il est temps de me poser.

Ils avaient pris des dispositions pour que grand-mère partage leurs bénéfices.

Cela nous a bien sûr pris du temps ; il a fallu environ une à deux semaines.

Avant de pouvoir vraiment trouver mes marques, étant à des milliers de kilomètres.

Mon facteur local faisait du vélo.

Livré équipé d'une banquette arrière.

Il emporta des lettres à Londres.

Renvoyez leurs colis ici.

Puisque cette méthode était la seule que j'ai jamais vue utilisée par ce praticien, j'en ai déduit que son cycle devait suivre cette séquence.

J'ai fait le voyage de porte en porte.

Comment j'ai harcelé ce pauvre facteur

Chaque fois qu'il se rendait à Londres sur son siège, celui-ci devenait de plus en plus confortable.

Les lettres doivent être livrées directement dans notre rue.

Sauvez le facteur de l'angoisse mentale

J'ai trouvé un emploi, des porcelets et une truie à nourrir.

Mon expérience n'a pas été particulièrement agréable.

Chaque fois que l'étable était nettoyée, sa valeur augmentait.

"J'ai relevé le défi" de ses dents.

Elle était en mission, semble-t-il.

Mon objectif est de garder ma présence brève.

Même si cela aurait pu être considéré comme un acte de vengeance, Nourrissez-la à temps à chaque fois, pour une croissance optimale.

Erin a été alarmée de découvrir que son nez était entré trop rapidement dans l'auge et ils ont donc immédiatement pris des mesures pour corriger leur erreur.

Au début, le petit-déjeuner lui tombait souvent sur la tête, jusqu'à ce que je finisse par développer le don de le distribuer - finalement, elle ne me mordait plus !

Sa tanière n'était qu'une petite pièce ; mais cela ne lui a pas du tout refroidi le moral.

Les murs ont été construits en brique.

Créez une entrée qui ressemble à un igloo.

À l'intérieur, la paille était épaisse et intacte.

Un jour, j'ai entendu une nouvelle choquante.

Comme mes parents allaient bientôt arriver, il faudrait faire mes bagages.

Sur le chemin du retour à Londres, nous prendrions la voiture.

À mesure que l'après-midi approchait, mon enthousiasme augmentait.

La truie et les petits dormaient profondément.

En m'approchant, j'ai essayé de ne pas trop les déranger.

Le sommeil ne peut qu'augmenter d'année en année.

Quel choc inattendu grand-mère a reçu !

Alors qu'elle remplissait l'auge le lendemain matin, la matinée a été mouvementée.

En partant avec les cochons, je me suis retrouvé désorienté.

Mais j'étais encore à moitié endormi et en train de bâiller lorsque le réveil sonna à 6 heures du matin.

Climats étrangers

Alors que je remontais la rivière, son eau clapotait et tourbillonnait sous moi comme des vagues venues de climats étrangers, provoquant des vagues de soulagement à la fois pour moi et pour ceux qui passaient.

Deux aventuriers n'avaient pas d'autre endroit où se tourner lorsque leur voyage s'est effondré sous terre, alors ils sont descendus.

Cet emplacement avait été choisi.

Jimmy et son ami ont fait cette observation lors de leur visite de jour au quai de Gravesend.

Les lumières de Tilbury brillaient brillamment alors que la nuit tombait sur Tilbury.

De l'autre côté de la rivière, un épais brouillard recouvrait tout.

Dès qu'ils ont entendu des pas venant d'en bas, tous deux ont été alarmés et ont regardé vers une zone avec une corde de borne dont l'extrémité inférieure était marquée d'un « X ». Ils devinrent prudents et concentraient leur regard là-bas.

Mais un à un, ils commençaient à perdre foi et espoir dans un avenir incertain. Et chacun prenant plus de retard que prévu.

"Ils ont glissé bien en dessous, dans l'obscurité d'encre, se balançant d'un côté à l'autre jusqu'à ce que finalement quelqu'un les trouve avec de l'eau jusqu'aux chevilles, ce n'est qu'à ce moment-là qu'on a pu tenter de les sauver".

Au début, ils se demandaient s'il flotterait.

Sous les pieds, le fil de mise en balles est utilisé pour fixer les bottes de paille ou les bottes de paille à la surface du sol.

Cela a donc effectivement dissipé toute confusion.

Ce canot a été construit pour l'exploration du lit des rivières.

Quinze minutes plus tard, les deux rames étaient à leur place et l'histoire avait été modifiée à jamais.

Les lumières de Tilbury ont été spécifiquement choisies comme cibles.

Cependant, dès qu'elle a entendu ce plan, son cœur a commencé à s'emballer d'anxiété et le plan est soudainement devenu réalité.

Les flux se déplaçant vers la mer posent les plus grands défis.

Ramez vers son centre

Ils savaient où ils devaient aller.

Une heure s'écoula avant qu'ils ne changent de camp.

La planification s'était déroulée comme prévu.

Ils sont partis en aval avec leur objectif clairement en vue.

Un énorme navire se trouvait devant nous, toujours solidement amarré à son emplacement.

Trois cents mètres les séparent.

À mesure que le courant prenait de l'ampleur, sa vitesse augmentait considérablement.

Jimmy a changé de bateau.

Réduisez leur progression.

Désormais, c'est la marée descendante qui contrôle.

L'ami de Jimmy fut le premier à remarquer les deux navires.

Attention au brouillard blanc juste devant vous.

Les pales de l'hélice tournaient rapidement.

La peur les a saisis tous les deux et a bouleversé leurs deux mondes.

Ce vaisseau était assis beaucoup plus haut.

Le navire non déchargé devrait voyager plus lentement.

Sortez les hélices de l'eau

Un langage plus facilement compréhensible faciliterait une meilleure compréhension.

Les rames de Jimmy bougeaient rapidement, tout comme Jimmy lui-même.

Sauvez les villageois d'être dévorés par l'immense batteur à œufs !

Ils semblent déterminés à fermer complètement leur vie.

Et après avoir fait tout son possible, l'homme est reparti convaincu d'avoir fait tout son possible pour s'améliorer.

Une collision s'est produite entre un navire et un canot.

Remarquablement, elle a réussi à échapper à ces terrifiantes lames sans incident.

La rame du canot a été gravement endommagée.

Ils ont interagi puis récupéré.

Par l'arrière, l'eau peut pénétrer par le côté du navire.

À première vue, cela peut paraître inhabituel, mais rassurez-vous, il existe d'autres solutions.

Une rame restera pour le pilotage.

Ils suivirent le courant qui finit par les emporter.

Des murs d'acier étaient visibles au-dessus d'eux. Ils les dépassèrent rapidement avant de s'arrêter pour admirer sa splendeur.

Se sentir petits les faisait se sentir minuscules !

Cela n'avait rien à voir avec leurs bandes dessinées.

Où sont passés tous les filets et les cordes ?

Il n'y avait aucun moyen de mise à l'échelle.

Ils avaient placé tous leurs espoirs dans ce canot, qui courait près du navire à une vitesse alarmante. Soudain, il les dépassa à toute vitesse alors qu'il passait à proximité de son navire.

Même si les minutes semblaient être des jours, elles ne sont en réalité que des minutes.

Ils ont mis les voiles, transportant leur chargement de passagers clandestins rejetés. Ils continuèrent leur chemin, traversèrent l'océan.

Maintenant que le navire est hors de vue, il n'est plus possible de l'observer davantage.

Petit à petit le long de chaque côte.

Les nuages étaient épais et bas.

Alors que l'obscurité s'installait sur le paysage, tout semblait perdu à jamais.

Leur canot était caché par un épais brouillard.

Jimmy a continué à pagayer malgré ce revers.

Il comptait uniquement sur son instinct pour trouver un rivage accommodant. Mais soudain, son passé s'est imposé et l'a ramené ici.

Il a été frappé avec une tige d'escalier, ce qui a incité la police à procéder à des arrestations en lien avec cette agression.

Il pouvait reconnaître le visage de son père.

Par une fenêtre, ils se sont enfuis.

Il a réussi un saut de 13 pieds.

Quelques secondes plus tard seulement, nous avons été témoins de sa transformation rapide en action.

Il n'était nulle part dans la rue.

Fin septembre, je me suis retrouvé en train d'explorer les bois.

Il a enduré une nuit froide jusqu'à ce qu'il tombe sur une botte de foin qui a instantanément réchauffé sa vie.

La sœur fournissait du pain et de la confiture.

Elle allait au travail aussi souvent que possible jusqu'à ce que les jours se transforment en semaines et en mois.

Il y resterait jusqu'à ce qu'ils atteignent l'âge adulte.

Sa sœur a amené une de leurs amies.

C'est là que tout a commencé.

Tous deux étaient coincés dans une ornière émotionnelle.

Ainsi commença un voyage.

Une corne de brume inattendue le ramena.

Envisagez-vous de trouver un refuge sûr

Ils pourraient apprécier leur présence.

Jimmy était constamment chassé de Jimmy par l'un de ses amis, ce qui entraînerait finalement davantage d'incidents et de confrontations entre les deux parties.

Son esprit ne l'avait pas oublié.

Un remorqueur désireux.

Après un peu de repos au fond de la rivière, leur ciel lourd semblait plus invitant.

Dès qu'ils virent un rivage émerger à travers la brume, tous deux commencèrent à applaudir avec enthousiasme.

Mais une boue épaisse s'étendait entre leur bateau et le rivage, créant un chemin de trahison semé d'obstacles sur lequel ils pouvaient naviguer.

Au début, avancer en pagayant semblait un voyage sans fin ; il finit par atteindre sa destination ; en rencontrant une drague avec sa passerelle traversant un lit boueux, il s'est rapproché et a découvert qu'elle pouvait leur fournir un abri contre d'autres dangers. Bientôt, il put se rapprocher de lui avant de continuer à avancer vers lui.

A ce moment, un hublot est apparu d'où l'on pouvait voir qu'un inconnu dormait sur une chaise.

Sous une lumière vacillante, un petit bateau sans méfiance est entré en collision avec un énorme impact et a envoyé des ondes de choc à travers sa structure, incitant son capitaine à en sauter de peur. Mais cet accident n'a fait que provoquer une anxiété plus grande qu'on ne l'imaginait auparavant, car l'homme et le bateau ont été forcés de retourner à terre, provoquant une autre collision quelques instants plus tard et produisant des destructions encore plus importantes – cette fois par l'homme lui-même ! Dès que son bateau a été heurté avec une telle force que ses passagers ont fui en panique vers le rivage, il est tombé rapidement.

Deux garçons se sont précipités.

Quatre pieds souriants étaient les bienvenus.

Cependant, une fois que vos jambes s'habituent au siège, les surfaces molles deviennent plus faciles à déplacer.

Désapprendre ce qu'ils ont appris peut cependant être difficile. Leurs premières expériences avaient fait de leur première chance une réussite.

Isle of Grain alors qu'ils mettaient le cap vers les mers ouvertes qui les attendaient.

Jimmy a décidé de tout risquer et d'essayer de rentrer chez lui. Bien qu'il soit revenu sain et sauf, aucun refuge ne l'attendait.

Ils l'ont maintenu en disgrâce.

Étrangement, ils ne lui ont jamais demandé.

Il n'a jamais révélé ses activités passées ni où était passé son temps ; garantissant ainsi que cela reste un secret à vie.

Et puis la rime est née.

Saisons polaires Les quatre saisons distinctes comprennent les automnes, les hivers, les printemps et les étés.

Les pensées deviennent souvent imprévisibles.

Bannissons ce « sentiment d'impuissance ».

Saisons polaires de ce genre.

Vibrations arcaniques

Le vent est connu pour produire des sons qui résonnent à travers l'espace et le temps.

Ces belles images capturent la nature à son meilleur : les arbres et les roseaux.

Et sa force continuera à exercer une énergie dynamique et percutante qui se propagera vers l'extérieur.

Mais ne sommes-nous pas simplement des roseaux aux fonctions inconnaissables, répondant aux vents ?

Sommes-nous en train de danser sur un air isolé sans savoir à qui cela plaît ?

Y a-t-il des vibrations mystérieuses en jeu ici ?

Comme les roseaux qui nous composent,

Cherchez-vous quelque chose pour vous attacher ou vous libérer du réglage de l'anche

De cette corde de la chordatosphère naissent les éléments célestes.

Une rencontre intergalactique

Une alarme avait retenti dans l'air nocturne.

Langue siamoise.

Le bruit de son silence brisé pouvait être entendu à l'intérieur.

Ma conscience s'est réveillée et ainsi je me suis levé.

L'urgence s'est rapidement intensifiée, s'aggravant rapidement.

Je pense à mon nourrisson siamois.

Mon chat a l'air adorable mais je me demande vraiment à quoi ressemblent ses traits ?

Je me suis réveillé rapidement de mon sommeil.

Bientôt, la porte s'ouvrit grande.

Cherchez-moi dehors pendant la nuit.

Elle était là, perchée sous un lampadaire.

Mon chaton et un gros chat noir vivent ensemble.

Quelque chose a bougé dans la nuit.

Approchez-vous de la lumière sans faire de bruit avec des pieds silencieux.

C'était un individu ayant quelques moyens.

Bien que réticent, j'ai décidé de rester pour de bon.

Qu'étaient l'élégance et la grâce ?

Faire des choses sans canaux d'expression appropriés.

Ces vêtements datent de cent ans.

Nous partagions des moments sans rapport les uns avec les autres.

Ses bras se tendirent anormalement.

Mon amour pour les chats s'étend à ceux qui restent silencieux - moi y compris !

J'ai vu un gros chat noir me répondre de la même manière.

L'impression qu'ils appartiennent ensemble.

Elle a tendu les bras vers moi, ce à quoi j'ai répondu de la même manière en tendant les bras.

Même si son chat était venu avec elle, il fallait l'apporter.

De là, ils sont partis vers la source de lumière.

Dès que le crépuscule est tombé, nous sommes partis.

Elle est arrivée apparemment pour guider ses pattes.

Le temps ne cesse d'ouvrir plus largement ses portes pour que nous puissions tous l'explorer encore et encore.

Fête, nourriture et autres problèmes

Le petit Jimmy était connu pour être rebelle. Il préférait être seul.

Comme je l'ai observé, les enfants comme les adultes ont tendance à observer les enfants plus que les autres.

Seules les dispositions des surfaces ont été modifiées.

Faire semblant d'être une chose

Et en réalité, devenir un autre est difficile.

Il n'avait pas l'intention de s'engager dans cette voie.

Les chaussettes étaient à l'origine destinées à être remontées.

Il ôta ses chaussettes, laissant ses jambes couvertes blanchir de terre.

Il préférait son manteau marron.

Les vestes doivent être portées à l'école.

Mais cela ne lui a jamais semblé bon, alors il l'a laissé chez un ami ;

Le professeur avait toujours un visage inexpressif.

Même les cheveux ont été commandés.

Chaque tête était clonée mais Jimmy préférait la laisser naturelle.

Tout le monde soupira de résignation alors que les coups de poing commençaient sérieusement. En quelques minutes, plusieurs rounds se sont terminés avec des passages à tabac répétés de toutes les personnes présentes, entraînant de graves souffrances pour toutes les personnes impliquées. Les coups étaient nombreux et rapides alors que la punition était infligée, chaque coup tombant directement sur quelqu'un.

Les environnements familiaux et scolaires étaient difficiles, les garçons créant des frictions entre eux.

Tout aussi facilement, ils ont enfreint une autre règle. Et tout s'est passé comme de l'eau sur le dos d'un canard !

Des efforts ont été faits pour le corriger.

Il a décidé de ne pas le terminer.

Bien que fidèle à ses valeurs, il ne semble pas particulièrement intéressé à accueillir les nouveaux arrivants à son poste.

Il distribuait des bibelots, des gâteaux et des chocolats en guise de prix.

Il est devenu de plus en plus corrompu jusqu'au jour où il a été invité à assister à une fête chez l'un de ses amis et s'est retrouvé éloigné du chemin de la rédemption.

Maintenant, il connaissait les fêtes d'enfants.

Toutes ces années, nous les avons célébrées avec plein de gâteaux et de friandises !

Il était conscient du piège.

Personne ne s'est présenté comme un désordre indiscipliné.

Il se tenait donc devant le miroir.

Après être sorti du bain, vous devez vous échapper immédiatement.

Les chaussettes étaient relevées, la veste enfilée.

Il espérait qu'ils ne riraient pas et répondit de manière appropriée.

Il a découvert que sa chemise avait disparu.

Il pouvait attacher le haut avec des boutons ou des fermoirs, mais il ne portait pas de cravate.

En ce qui concerne le Code capillaire, non. AVERTISSEMENT! Vos serrures ne répondent pas aux critères

N'aurait pas dû être exposé à l'eau.

Il faisait saillie comme un porc-épic.

Sans graisse, cela n'a jamais été une affaire haut de gamme.

Il fouilla dans le placard.

Il n'y avait rien de visible à voir ; il n'y avait absolument rien de visible.

Il a donc opté pour une solution accommodante.

Cependant, l'odeur n'était pas tout à fait correcte.

Il se regardait, fasciné par une image de splendeur dans le miroir et se demandait si son prix serait trop élevé.

Sacrifier l'indépendance.

Il commençait à avoir faim et le temps passait vite.

Il savait que l'odeur allait bientôt se dissiper.

Il entendit bientôt une forte rafale de vent passer et, une demi-heure plus tard, frappa à la porte de la fête pour entrer.

Son ami était ravi de le voir.

Il a rencontré plus de personnes.

La table était lourde de nourriture.

Vingt bouches ont commencé à manger.

Une petite fille poussa soudain un cri audible.

Elle se leva brusquement de son siège et disparut dans les airs.

Camphré était la cause de cette erreur.

Le dégagement de la table fut rapide.

Grande sœur d'une autre pièce.

Très vite, sa tête s'est retrouvée dans l'évier et a été lavée cinq ou six fois à des fins de nettoyage.

Elle a commencé à se peigner pour atténuer l'odeur.

Tout en essayant de garder son sang-froid, ses pensées étaient tournées vers la table et sa pile qui se dissolvait lentement.

Le temps a fait des ravages et des dégâts irréparables ont été causés.

Il fut interloqué, la table ressemblait à celle d'une explosion nucléaire et l'assiette à gâteaux était vide. Un spectacle vraiment troublant !

Comme les autres assiettes se révélèrent vides, le bassin à bagatelles aussi.

Son désastre ne cessait de s'aggraver.

Mais ensuite un plateau a été trouvé.

Il a été transporté en lieu sûr par son ami.

Rien n'est infaillible

Rien ne peut jamais être infaillible et rien n'est éternel ; rien ne reste vivant pour toujours, ni même aussi longtemps. L'entreprise de construction

L'humanité n'a fait aucune invention ayant des objectifs prédéterminés en son cœur qui ait perduré jusqu'à aujourd'hui – aucun élément unique à partir duquel les gens ont créé.

Cependant, les fantasmes s'insinuent souvent dans nos vies.

Conscient de cela, chacun doit agir avec sagesse et responsabilité pour maintenir l'équilibre.

Il y en a pour tous les goûts et tous les types de personnalité, même s'ils semblent parfois aléatoires.

Vu de l'extérieur, ils peuvent paraître petits, mais le réservoir qu'ils desservent est en réalité vaste.

Les éléments abstraits se réunissent pour former un mélange élémentaire abstrait.

La fantaisie est construite sur des éléments de base. Chaque esprit crée son propre chef-d'œuvre de création.

Les investisseurs prudents resteront en sécurité.

D'autres apportent la destruction.

Les êtres courtois démontrent leur importance en honorant le processus par lequel ils ont vu le jour.

Leur architecte est certainement compétent.

Espoir et suite confirmant ainsi.

Établir ses principes était d'une importance primordiale.

La nature montre clairement que seul l'intellect crée.

Alors... qu'est-ce qui nous a amené ici ?

Jimmy revient d'une visite à la campagne et attend avec impatience une semaine scolaire bien remplie.

Ils ont émigré avec un dialecte prononcé et ont fréquenté leur nouvelle école.

Mais elle n'a pas été traitée avec dignité et respect.

Toutes les personnes présentes ont trouvé son ton amusant.

Il leur a donc conseillé les mesures à prendre.

Ils l'ont qualifié de garçon de la campagne.

La tension monta lorsqu'ils virent que l'un d'eux était un champion de combat.

Jimmy a décidé qu'il valait mieux garder une distance de sécurité avec une femme imposante nommée Leigh Ann qui, soupçonnait-elle, nourrissait une haine puissante à son égard.

Mais elle préférait une cible facile.

Bientôt, elle scella son sort.

Dites-lui de la retrouver là-bas.

Cette nuit-là, devant la porte.

Cela ne dérangeait pas Jimmy de se battre avec qui que ce soit, quels que soient sa réputation ou son statut.

Il n'avait jamais eu affaire à une figure aussi intimidante auparavant, et il avait aussi rapidement élaboré un plan afin d'échapper à ses obligations et de ne pas se laisser décourager par ses exigences.

Enfin, les salles de classe étaient vidées.

À la fin de leur journée, tous les participants ont convergé vers la sortie ;

Ils ont commencé par s'amuser. Très vite, il est devenu évident qu'ils ne savaient pas vraiment comment jouer leur jeu.

Il leur manquait leur joueur principal.

Commencée, leur chasse a commencé pour trouver une victime appropriée à exécuter.

Jimmy a tenté de s'enfuir par une fenêtre ouverte, mais sans succès.

Une taille trop petite était trop pour sa forme.

Son esprit retrouva bientôt sa liberté.

Sa poitrine a rapidement suivi peu de temps après.

Son pantalon s'est emmêlé.

Il n'a donc pas pu ramener tous leurs bagages.

Enfin, le Baying Pack est arrivé !

Bientôt, ses jambes furent capturées.

Suivi par sa famille.

Il ne se sentait pas trop excité.

Ils se sont précipités hors du bâtiment en emportant leur proie vers un endroit isolé.

Sans souci ni stress.

Ils formèrent rapidement un cercle.

Le silence s'abattit sur la foule.

Jimmy ne pouvait pas s'échapper. Sa fuite n'avait pas été autorisée.

Leur champion fit un pas en avant.

Jimmy a assisté à la scène alors qu'elle utilisait ses griffes pour frapper dans les airs, tandis que Jimmy la regardait avec amusement.

Il se sentait impuissant face à la vie elle-même.

Elle avait trop confiance en elle. Mais elle s'est surestimée.

Comme elle n'a pas surveillé sa garde, la dame a été victime d'un crime.

Elle n'a pas perçu l'impact soudain et puissant.

Son nez avait été si durement frappé.

Une jeune fille poussa un cri désagréable.

Jimmy l'avait attaquée, elle pleurait amèrement tout en étant toujours furieuse de ce qui venait de se passer ; cependant, ses paroles ont emporté toutes les inquiétudes qu'elle a exprimées concernant cette attaque de la part de Jimmy. Ses plaintes ont été ignorées jusqu'à l'heure d'aller au lit.

Dès que la foule a commencé à bouger, Jimmy a anticipé que des problèmes se préparaient.

Comme prévu, des lynchages ont eu lieu.

Des mains impatientes le saisirent rapidement et le soulevèrent haut dans le ciel.

Il les entendit applaudir.

C'était une façon étrange pour lui de procéder.

Mais il a fini par comprendre.

Ils étaient heureux qu'elle ait été vaincue.

Son intimidation avait pris fin.

La justice avait été rendue.

Horloges à tic-tac | Head Xchange (HQE) En faisant entrer des montres dans nos têtes, le tic-tac est une forme engageante de divertissement et d'apprentissage.

Le rythme a été fixé et nous sommes menés.

Les horloges tournent silencieusement.

Tout revient à ses états antérieurs.

Les voix du cœur

Devons-nous nous séparer ou unir nos forces ?

Vos actions ont créé un mur invisible entre nous.

Attention : vous avez peut-être choisi une mauvaise voie.

Ton avenir semble sombre sans moi à tes côtés,

Ensemble, nous sommes forts ; faisons tomber toutes les barrières entre nous.

Séparés, nous n'appartenons pas. Votre orientation dans les affaires est toujours objective.

Je suis la puissance derrière ton trône,

Combattez-vous une illusion

Je trouve du réconfort quand je suis seul.

Mon nom peut être interprété comme une destruction.

Mon nom peut être lu de plusieurs façons ; mon identité se compose de plusieurs nuances.

Je suis le gardien de la porte. En démêlant leur langage symbolique, vous devez découvrir votre seule voie à suivre.

Un individu peut nous confier son esprit.

Jimmy Riddle

Un autobus scolaire s'était arrêté près de certaines mines abandonnées des Cornouailles, et les enfants sont sortis en masse et ont formé des files. Un ordre fut donné qui insistait : « Tous ensemble » ; c'était à la fois désespéré et futile.

Alors qu'ils se propageaient comme des fourmis à travers les ruines et les trous avant de disparaître dans les tunnels comme des lapins et des taupes, leur professeur restait abasourdie alors qu'elle courait d'un endroit à l'autre à la recherche de mécréants qui avaient besoin de ses soins.

Les rassembler tous a pris plus d'une heure.

Même s'il manquait une personne lors de l'appel final, tous étaient présents.

"Jimmy a disparu", dit une voix parmi eux, ajoutant "il a probablement commis l'un de ses tours habituels.

"Il est descendu dans une fosse avec une lampe de poche."

Il semblait parler de manière incohérente. Malheureusement, je n'ai pas compris ce qu'il me disait.

Jimmy a déclaré qu'il y avait des échelles et des plates-formes en bas qui étaient sécuritaires.

Jim était tombé de deux cents pieds, trois cents autres le suivaient à une vitesse un peu plus lente en raison d'un puits en forte pente avec des supports pourris qui s'étaient recouverts de bave.

Il remarqua de vieilles écritures accrochées au-dessus de lui.

De la fumée d'une bougie était sorti le nom : Jed. En entrant dans un tunnel, il commença à marcher vers Jed, même si seulement quelques mètres lui semblaient des kilomètres.

Sa torche projetait d'étranges ombres sur le mur tandis que ses pas résonnaient comme des pas lointains ; Maintenant en mode panique, il savait que « Jed » attendait en embuscade pour lancer un assaut contre lui.

Un puits en pente montante entra dans son champ de vision.

Il se retrouva à remonter, son optimisme accru.

Il escalada rapidement ses échelles.

Il pensait que « Jed » pourrait le surpasser plus rapidement.

Il a rapidement émergé et est allé à la surface, se retrouvant rapidement à la surface.

Il s'approcha d'un puits vertical semblable à celui qu'il avait découvert pour la première fois et le descendit.

Comme il y avait des arbustes à proximité, il essaya de rester caché.

Alors qu'il réfléchissait rapidement à ce qui devait arriver, il savait qu'il le devait.

Il détourna ensuite rapidement le regard du bruit pour y jeter un autre bref aperçu.

Une fois qu'il a vu la foule de plus d'une trentaine de personnes entourant son puits, il est rapidement retourné au bus avec un plan d'action conçu pour réduire leur présence et leur confusion.

Jimmy a continué à appuyer sur la sirène jusqu'à ce que leur chauffeur revienne et découvre ce qui n'allait pas. Jimmy a expliqué qu'il dormait, jusqu'à ce que tout ce bruit le fasse se réveiller au lieu de dormir là pendant des heures.

Au moment où ils arrivèrent à nouveau à l'école, des rumeurs circulaient selon lesquelles Jimmy était entré dans une mine abandonnée.

Les jeunes yeux pouvaient témoigner de cette vérité sans hésitation, c'était incontestable pour eux ! Un acte véritablement magique avait eu lieu.

Malheur dans notre rue

Dans notre rue vivait un chien. Malheureusement pour lui, cela lui apporta plus de malheur que de joie.

Cela maintenait un chat en fuite constante

Malheureusement pour elle, cette pauvre créature tourmentée n'a jamais trouvé la paix jusqu'à présent.

Un spectacle inesthétique.

Mais le jour des comptes est arrivé.

Chien et chat avec des chatons allaient bientôt se rencontrer.

C'est à ce moment-là qu'elle a agi.

Une journée paisible fut soudainement interrompue par des bruits de terreur canine.

Les chats adorent se mettre sur notre dos, comme on le voit ici où l'un d'entre eux était fixé sur son dos par deux griffes de chat.

Il a reconnu qu'il avait commis une erreur.

Après cela, il a volé à une vitesse incroyable.

Alors qu'elle commençait à griffer, elle disparut soudainement au détour d'un virage.

La fourrure accumulée sur le sol est laissée traîner comme de la litière sur le tapis de sol d'un chat aux entrailles.

Ses oreilles ne se sont jamais complètement remises d'avoir été exposées à des éléments environnementaux aussi agressifs.

Il a utilisé une boîte aux bords dentelés, ne poursuivant plus jamais ce chat.

Sans son courage, aucune note n'existerait pour cet individu.

Mais il avait un autre intérêt.

Il n'aimait pas les automobiles et provoquait de nombreux conflits avec leurs propriétaires.

Sa peinture portait ses cicatrices.

Sa méthode consistait à s'asseoir devant chez lui.

Au passage de chaque conducteur, ceux qui avaient peur ont commencé à se détendre.

Il a joué au chat et à la souris.

De temps en temps, personne ne pouvait prédire exactement quand ils recevraient un appel téléphonique inattendu.

Parfois, il jetait des pierres sur une voiture qui passait.

Plus jamais la même image n'existerait.

Un matin, il décide de se libérer du stress quotidien.

Lorsque vous cherchez un soulagement sous une autre forme.

S'approchant par derrière, quelqu'un est arrivé au coin de la rue.

Ce conducteur avait un plan en tête.

Si cela s'avère nécessaire, ils fourniront l'assistance nécessaire.

Et bien sûr, ils ont effectivement réussi.

Alors que l'attaque du chien se poursuivait, sa fureur atteignit son paroxysme.

Le conducteur a réussi à régler son timing.

Malheureusement, lorsqu'ils ont ouvert la porte, ils ont frappé le chien.

Depuis, il a perdu tout ce qui ronronne ou roule ; comme les voitures. Désormais, tous les objets ronronnants ou en mouvement ont été bannis de ses loisirs.

Son ego meurtri lui permettra-t-il de trouver de nouveaux projets ?

Peut-être qu'avec un passé aussi défavorable, ils devraient envisager d'autres méthodes.

Ne jamais dire jamais; efforcez-vous toujours de rester ouvert d'esprit.

Jimmy a été envoyé faire du shopping.

Achetez une bouteille pour le Dandy et cinq cigarettes en cadeau.

Les Woodbines étaient traditionnellement vendues en paquets de cinq.

Pas étonnant que leur père s'inquiète !

Tous les magasins étaient propres et neufs.

Où Jimmy faisait-il ses courses ?

L'un d'eux se tenait les yeux écarquillés.

Où les flaques d'eau étaient profondes.

Jimmy a récemment acheté de nouvelles bottes en caoutchouc.

Les bottes en caoutchouc ont été soumises à des essais rigoureux à des fins de tests.

Alors il fit son entrée et se mit à jouer en sautant.

Ses jambes n'étaient pas faites pour se reposer.

L'eau s'est précipitée sur les murs.

Commencez par le câble armé.

Une fois de plus, les boîtes en fer constituent la pièce maîtresse de cet article sur le thème de la boxe.

Mais très vite, ces fondations sont devenues instables et susceptibles de s'effondrer sous la pression.

Jimmy a heurté le trottoir, apparemment inconscient ; a-t-il sauté ?

Une fumée noire et épaisse s'échappait de l'intérieur.

Par conséquent, il s'est escaladé.

La fuite était désormais cruciale et il a donc rapidement quitté les lieux.

Caïn avait laissé sa marque.

Le destin était cruel envers nous tous.

Sa peau était écarlate.

Les cheveux étaient roussis et durs.

Les vêtements ont beaucoup souffert de l'exposition.

Au fil du temps, cependant, son écarlate fleurissait de moins en moins.

Le bégaiement prenait son temps.

Les résultats des tests étaient positifs ; les cigarettes ont réussi les tests.

Jim a réussi à surmonter ses méfaits.

Entrez dans l'arc-en-ciel
Mémoire avec vers d'accompagnement

JE ME TROUVAIS EN 1997 au milieu des cratères et des tranchées de la « Grande Guerre » dans la Somme. Beaucoup ne sont pas encore découverts, mais ceux qui ont été découverts consistent désormais en des hectares de petites croix blanches. Sans cet intermède tranquille, je n'aurais peut-être pas ressenti le besoin de publier du matériel plus significatif. Je pense également qu'en ne le faisant pas, je soutiendrais tacitement les « tristes croix blanches » de la prochaine génération.

LES POÈMES SONT UN moyen d'exprimer des sentiments, des observations et même des enquêtes abstruses. Mon attention poétique se concentre souvent sur les aspects de la condition humaine qui portent atteinte à ses qualités supérieures et sont donc socialement pathogènes. Je fais bien sûr référence aux anomalies qui font partie de nos acceptations quotidiennes. Ces abstractions incongrues qui remettent en question certaines de nos logiques acceptées et entachent d'autres.

CERTAINES DE CES ANOMALIES méritent une attention particulière. Ces anomalies résultent de leur effet collectif. L'histoire nous montre que ces aspects négatifs et leurs rouages plus profonds ne sont pas bien compris par le grand public. Nous sommes donc condamnés à répéter l'histoire, à devenir les « acteurs » de la tragédie éternelle que les historiens appellent souvent la leçon non apprise de l'histoire.

LES FAUSSES CROYANCES sont une cause majeure de distorsions. Ces distorsions sont particulièrement visibles dans la manière dont nous percevons et attendons notre propre espèce et dans la manière dont elles affectent nos interactions avec elle. Ces attitudes sont la raison pour laquelle tant de gens ont un impact personnel sur les cycles d'événements indésirables de l'histoire, et bien souvent ils ne le savent même pas.

NOUS SOMMES TENUS PAR l'évolution de traiter les fictions comme une réalité, ce qui aura un impact négatif sur nous et sur les autres. Les fictions constituent également l'outil idéal pour les manipulateurs.

À NOTRE ÉPOQUE MODERNE, soi-disant éclairée, il est constamment surprenant que de nombreuses personnes ignorent encore certaines des influences causales les plus évidentes derrière l'établissement de gouvernements tyranniques. Hitler, Staline et Mao Zedong me viennent immédiatement à l'esprit. Comme beaucoup d'autres régimes, ceux-ci ont pu consolider leur position grâce à une série d'événements opportuns. Ces événements sont rarement, voire pas du tout, isolés, car ils ont souvent été influencés par ceux qui, pour leur gain personnel, viennent d'autres pays. Si nous voulons faire face à l'inacceptable, nous devons regarder de plus près chez nous. Force est de constater que c'est le jeu rhétorique joué sur l'ingéniosité de chaque population qui permet à ces gouvernements despotiques de s'imposer (communément appelée la méthode de la « porte dérobée »).

CLASSIQUEMENT, LA MANIÈRE dont ces régimes consolident leurs positions est d'ouvrir les portes de l'opportunité à tout ce qui est perfide au sein de leur population. Ces éléments sont à l'origine des mauvais fantassins modernes de l'histoire. Comme ils l'ont toujours fait, ils se précipiteront vers les bénéfices d'un événement et se dissiperont dans les inconvénients du suivant, revenant à l'anonymat à une époque plus stable.

IL EST FACILE DE SE sentir « plus saint que toi » lorsque nous entendons parler d'un autre régime dangereux sur notre planète, mais il n'est pas si loin.

JE SOULÈVE CES QUESTIONS parce que ces éruptions constantes de comportements humains négatifs sont en fait les images miroir des potentiels de négativité que nous possédons tous. L'arrivée de circonstances opportunistes détermine la prochaine manifestation de ces traits humains négatifs. La porte de cet invité indésirable n'est jamais complètement fermée nulle part sur Terre. Les portes ouvertes sont des invitations.

IL N'Y A QU'UNE SEULE façon d'atteindre cet objectif. Ceci est réalisé en faisant ce voyage vers la réalité. C'est celui qui vous emmène dans les endroits les plus sombres de votre psychisme.

NOUS DEVONS DÉVELOPPER nos capacités de navigation, sinon nous serons comme nos ancêtres et finirons comme des « épaves » sur la marée humaine.

LA RÉALITÉ NOUS RAPPELLE que tout le monde n'est pas une « personne merveilleuse ». Certains le sont, et d'autres ne le seront jamais. Afin de devenir meilleurs que nous ne le sommes, nous devons concentrer notre attention sur ceux qui ne sont pas si merveilleux. Autrement, nous n'avons aucun espoir d'attirer davantage de qualités humaines dans nos vies.

C'EST POURQUOI JE TIENS à souligner que je ne me concentre pas tant sur les activités crapuleuses rapportées dans nos journaux, mais plutôt sur les crimes historiques discrets, et donc non abordés. Nous devons mieux comprendre les êtres humains bizarres, dangereux et souvent énigmatiques qui existent dans toutes les sociétés et tous les horizons. Sinon, nous serons simplement perplexes ou resterons les bras croisés sans rien faire.

CES EXPLICATIONS DEVRAIENT nous aider à comprendre la signification de « Step into Rainbow ».

L'ARC-EN-CIEL EST UNE puissante icône archétypale qui a été incorporée dans nombre de nos chansons. Il a été utilisé pour indiquer mythiquement le chemin vers le pot d'or doré. Cependant, la première étape consistait à le reconnaître pour ce qu'il est.

NOUS POURRIONS COMMENCER par repenser à notre « jeunesse » avant que nous prenions conscience des arcs-en-ciel. C'est à cette époque que nous avons réalisé pour la première fois l'importance des éléments colorés de l'arc-en-ciel. Nous avions une compréhension terriblement insuffisante de la lumière, que nous avions qualifiée de banal. Qui aurait cru qu'il était si complexement coloré ? Combien peu de personnes auraient pris conscience des possibilités plus larges de ce paradigme ? Cela signifie que, tout comme nous avons tous appartenu autrefois à la lumière arc-en-ciel de la compréhension (bien que de manière innocente), trop de personnes de notre espèce ont vieilli sans distinction et donc de manière néfaste en dehors de cette lumière arc-en-ciel. En conséquence, ils ont pu promouvoir les machinations les plus complexes dont l'humanité était capable. Les preuves empiriques des événements historiques reflètent ces faits évidents. C'est la cause de mauvais événements historiques.

IL SERAIT UTILE DE considérer l'esprit comme un objet grand écran doté d'un écran sensible qui se trouve sur notre bureau.

AVEC QUELLE FACILITÉ son intégrité peut être corrompue. Les antivirus installés sont toujours prêts à détecter tout bug gênant qui aurait pu pénétrer dans le système. Imaginez à quel point nous serions horrifiés si quelqu'un accédait à notre ordinateur et y écrivait ses propres programmes égoïstes. Nous sommes bien plus hésitants ou naïfs face à l'appareil infiniment puissant et personnel qui se trouve juste devant nous. Cet ordinateur humain personnel a toujours été une porte ouverte à l'installation de programmes égoïstes et à la déformation des faits par d'autres. Ce sont quelques-uns des virus abstraits les plus destructeurs pouvant infecter notre esprit. Il est étrange que ce soit le cas, car il suffit d'appuyer sur une touche pour que notre antivirus intégré se mette au travail. La pensée différenciée est le nom de notre antivirus. C'est aussi notre facteur critique. Il est par nature individuant. Le gardien est ce qui se dresse entre nous et notre corruption du moi supérieur. Cette fonction déterminera en fin de compte si nous l'observons ou non.

Nous pouvons mettre en perspective les transgressions collectives en utilisant des règles empiriques. On peut par exemple identifier deux éléments sociaux clés qui sont au cœur de l'ordre social en train d'être bouleversé. Ils appartiennent à un large éventail de groupes sociaux et représentent certains traits humains. Le premier élément a un biais égoïste dans ses distorsions psychologiques. Par défaut, le deuxième élément social est favorable à la première catégorie sociale du fait de son inconscience.

NOUS AVIONS CATÉGORISÉ précédemment une troisième généralisation. Son influence constitue un puissant rempart face aux deux autres, et cela parce que son attitude était conditionnée par les pensées différenciatrices qu'il avait. C'est exactement la caractéristique à laquelle je fais référence ; celui de ceux qui sont dans « l'arc-en-ciel » de la conscience. C'est seulement dans cet état que les couleurs et les nuances composites qui composent la nature humaine leur sont révélées pour une meilleure compréhension et un meilleur jugement. C'est bien le trésor qui attend ceux qui « entrent dans l'arc-en-ciel ».

MÊME HISTOIRE

LA MÊME HISTOIRE RACONTÉE de différentes manières,

Le marché faustien

L'HISTOIRE DU MONDE n'aime pas l'hégémonie psychologique

L'ENDOGAMIE CÉRÉBRALE de la majorité compacte

LE TYPE COMPOSITE DES derniers jours

L'ESPRIT EST ALORS remplacé.

SÉDUIT PAR LE LABYRINTHE

ORCHESTRÉ COMME UN jeune enfant

UNE TOILE ENCHEVÊTRÉE entachée de choix

POUR ÉMASCULER LA VOIX intérieure.

UNE MANIÈRE DÉPENDANTE de l'entreprise,

UNE SUPERPOSITION CARICATURALE,

LORSQU'ELLE EST BIEN comprise, la politique supérieure des États-Unis peut être lue.

VOUS DEVEZ VOUS RAPPELER ce que dit « Hegel »*.

"CAR CELUI QUI CHERCHE une troisième réaction doit susciter une première et une deuxième faction."

LA FORMULE DU FROTTEMENT mutuel

LA POLITIQUE PEUT BÉNÉFICIER de l'interaction.

CHAQUE TROUPEAU SUIT son propre chemin

IL PENSE COMPRENDRE la véritable intention.

BOVINS EN TRAIN DE traire dans le « hangar à traite »

CEUX QUI SUIVENT LEUR leader sont ceux qui réussiront.

*HEGEL : THÈSE ET ANTITHÈSE

CE QUI EST CACHÉ À la lumière

TOURNER LES PIERRES est une meilleure option

NOUS N'AIMONS PAS LES expositions.

SOUHAITANT QUE LES faits n'existent pas

CE FLÉAU NE SERA PAS stoppé.

QU'EST-CE QUI EST CACHÉ à la lumière qui n'a pas été révélé ?

VISITEZ-NOUS LA NUIT

NED, BEN ET LA GRANDE Guerre

LA PORTE DE L'ÉCURIE de Ned était fermée jusqu'au matin. Ce n'était pas son lieu de naissance, mais un nouveau. L'écurie semblait spacieuse, avec une litière fine et du foin qui sentait bon.

NED FUT SURPRIS LORSQU'IL vit les mouvements au loin.

ALORS QU'UN AUTRE CHEVAL sortait de la stalle.

NED A DIT "MON DIEU", "tu m'as fait peur,

"JE SUIS NOUVEAU, C'EST ma première nuit ici."

L'autre cheval a répondu : "Ben, c'est mon nom."

"JE SUIS TRÈS VIEUX et j'ai besoin d'être guidé"

VOUS CONVIENDREZ PROBABLEMENT qu'il n'est pas agréable d'être seul.

"MAINTENANT, TOUT VA bien pour votre entreprise."

NED HALETA PRESQUE quand il entendit Ben dire.

SA VOIX SEMBLAIT SURPRISE alors qu'il râla : "Vos exploits étaient légion, et murmuraient avec admiration. Vous êtes le seul à avoir survécu, le dernier à avoir vu."

BEN A DIT : "ÉCOUTEZ, il y a des choses que je dois raconter. J'ai des histoires que je veux partager."

QUAND J'AI COMMENCÉ ma vie professionnelle, c'était dans le charbon et la terre. Je tirais de lourdes charrettes.

LE CHAOS A CONTINUÉ, comme c'est le cas pour tant d'autres.

LES MAUVAISES ANNÉES semblaient terminées jusqu'à ce que le cheval soit vendu aux enchères. Mon nouveau maître m'a dit : « Tu n'es pas fait pour labourer », mais au bout d'un peu plus d'un an, j'étais un beau cheval.

MON MAÎTRE ÉTAIT UN bon ami et il veillait à mon bien-être pendant que je travaillais aux champs. Les bruits de guerre se répandaient et les procureurs de l'armée venaient frapper à la porte de mon maître.

L'INQUIÉTUDE ÉTAIT évidente sur chacun de nos visages alors que nous nous déplacions d'un endroit à l'autre. Au lieu de nos noms, ils nous ont apposé des marques militaires, ce qui nous a fait honte et nous a fait perdre la tête.

J'AVAIS MAL AU NEZ à cause d'une autre chose qui n'allait pas.

TOUT SENTAIT LE VIEUX magasin militaire. Notre paix est victime de ce chaos. L'armée aime crier et faire beaucoup de bruit.

LA PEUR EST SORTIE de nos lèvres lorsque nous avons été envoyés en France à bord de navires. On m'a proposé un poste dans un secteur de transport de chevaux.

LES CANONS LOINTAINS créaient un spectre terrifiant.

LES CHEVAUX AFFLUÈRENT en grand nombre dans la région.

NOUS N'AVIONS AUCUN doute que des choses terribles allaient se produire.

LES CHEVAUX LE SAVENT à la fin.

ILS REVIENNENT AUX écuries avec leur avoine, leur foin et leurs chevaux.

QUAND CES CHEVAUX SONT partis, ils ne sont pas revenus. C'était mal et cela nous rendait malades. Un jour, avec les autres, j'ai été envoyé au front.

NOUS AVONS SUBI LE poids d'une guerre dont nous n'étions pas responsables.

LA TERREUR ÉTAIT SUR nous et notre survie était en danger.

LES CHEVAUX QUI S'Y trouvaient auparavant sont désormais tous morts.

NOUS AVONS GLISSÉ D'ÉPUISEMENT à travers de vastes mers de boue et nous avons vu nos amis dans des mares de sang.

ILS M'ONT ÉLOIGNÉ DU chemin lorsque la chance est venue.

LOIN DES CANONS ET des océans d'argile

C'EST LÀ QUE JE SUIS resté jusqu'à la fin de la guerre et le début du rapatriement.

LES CHEVAUX ÉTAIENT tous plus âgés que moi à mon retour.

LEURS ESPRITS ONT ÉTÉ laissés mourir avec leurs camarades.

DANS CETTE BOUE, CINQ cent mille personnes sont mortes.

QUI CONNAÎT L'ANGOISSE des survivants ?

LE TEMPS A PRIS TOUS les anciens combattants et m'a quitté.

JE NE PEUX PAS IMAGINER que les chevaux soient libérés.

LA SEULE LUEUR EST qu'ils inventent des véhicules pour réduire le besoin d'élevage de chevaux.

TOUS LES SIGNES INDIQUENT l'avenir de notre espèce.

NOS CHIFFRES SERONT réduits plus vite qu'un arbre. Ned a déclaré : « C'est une triste image. Pourquoi le « Grand Cheval dans le Ciel » nous a-t-il imposé ce sort ?

BEN A DIT : "C'EST très drôle. J'aime rire.

MAIS « BIG HORSE IN the Sky » est bien plus qu'une simple rumeur.

IL S'OCCUPE DE NOS derniers besoins lors du rassemblement final dans les cieux

LÀ, NOUS ERRERONS EN liberté où personne ne pourra nous maîtriser, ni vous ni moi.

JE ME SOUVIENDRAI TOUJOURS que malgré toutes les mauvaises personnes qui nous ont possédés, vous et moi, dans le passé, il y avait de bonnes personnes.

"BONNE NUIT ET BONS rêves pour ton avenir."
    Les merveilles de Dieu à accomplir

LE MONDE SCINTILLAIT comme un cristal clair.

TOUTES SES EAUX ÉTAIENT étincelantes et claires.

LES TERRES REGORGEAIENT de créatures en liberté

BIEN AVANT LES PIÈGES et les lances.

TOUS ONT ÉTÉ TOUCHÉS par la magie de la Vie.

OÙ SONT TOUTES LES créatures maintenant ?

PERDU EN SACRIFICE sur l'autel

CEUX QUI ONT CHANGÉ la face du monde.

ADIEU, MONDE. TU BRILLES comme un diamant.

DITES ADIEU AUX EAUX claires et florissantes

ADIEU AU MONDE NATUREL et à ses créatures

NOUS SOMMES ICI POUR assister aux miracles de Dieu.

ICONOCLASTE

UTILISE TON MARTEAU pour briser les faux desseins.

TREMBLEMENT D'HIVER, coups de fouet et en vain

LE PRINTEMPS EST LE printemps qui met fin à la période froide.

PATRIMOINE

DES PUZZLES ABSTRAITS sont disponibles

LA PLUPART DES GENS sont incapables de comprendre le concept d'« esprit ».

AVEC DES MORCEAUX FORCÉS ensemble

AFFECTATION CALCULÉE

C'EST UNE FAUSSE IMAGE

CE QUE L'ON PRÉTEND être réel n'est pas toujours ce qu'il semble être.

L'HÉRITAGE DE CHAQUE enfant lui appartient.

LA VÉRITÉ EST QUE C'EST un mensonge.

IL Y EN AURA TROP PEU qui parviendront à leurs derniers jours

LA PHOTO A ÉTÉ JETÉE au sol.

PLACEZ ENSUITE SOIGNEUSEMENT chaque morceau.

OÙ ON PEUT LES TROUVER.

Deux pas en avant et un pas en arrière

LES SINGES INTELLIGENTS ont quitté la jungle

CONSTRUISEZ-EN UN AUTRE

PORTEZ DES LUNETTES de soleil teintées en rose

ILS ONT UTILISÉ LE pistolet.

IL Y A EU BEAUCOUP de mots prononcés

EN FAVEUR DE LEUR ESPÈCE

GARDEZ VOS PENSÉES en sécurité

ILS AVAIENT UN SENS moral.

STOCK D'EXCUSES COMMERCIALES

QUAND LES CHOSES ONT mal tourné

DES PAROLES PLUS ANACHRONIQUES

LES SINGES QUI N'ÉTAIENT pas très intelligents ne portaient jamais de lunettes roses.

CELA PORTE UNE TELLE insulte.

AUCUNE SUPERSTITION ne doit être inventée

POUR PIÉGER L'ESPRIT.

CE QUE VOUS VOYEZ EST ce que vous obtenez

CE QUI ÉTAIT RÉEL EST resté inchangé.

NE RUINE JAMAIS LEUR monde

OU LE MONDE DES AUTRES,

LES RÈGLES DE LA NATURE :

CONTRAIREMENT À LEURS frères intelligents

SOPHISTIQUE

LE CONSENSUS EST QUE le bon sens

J'INSISTERAI TOUJOURS

CERTAINES RÉALITÉS

IL N'EXISTE PAS D'INEXISTANT.

QU'EST-CE QUI EST RÉEL et qu'est-ce qui ne l'est pas ?

ÇA NE RÉSISTE PAS,

D'UN COMMUN ACCORD

DEUX CHOSES SONT CONSTANTES.

NÉ À L'IMAGE

NÉ À L'IMAGE......

DONC ÇA DOIT ÊTRE BÉNI

UN PIÉDESTAL DANGEREUX

LIEU DE REPOS

QU'EST-CE QUI DEVIENT un manteau ?

CE N'EST PAS CE QUE c'est

QUELQUE CHOSE S'INFECTE à l'intérieur

ET JE N'OUBLIERAI PAS.

CE QUI EST COUVERT devient étouffé

VOUS NE POUVEZ PAS respirer.

QU'EST-CE QUI N'EST pas ventilé

VA S'INFECTER ET S'ENFLAMMER.

QUELLE EST LA SOURCE des erreurs ?

LA NATURE EST ALORS snob.

ELLE A SES PROPRES lois

DES RETOURS ERRONÉS

LE SANG EST PLUS ÉPAIS que l'eau

J'AI ENTENDU UNE FEMME dire que le sang est plus épais que l'eau.

IL A EU UN FILS HORRIBLE et une fille pire.

IL S'EST BATTU POUR eux même s'ils avaient tort.

RÉPANDRE LA SOUFFRANCE et la rancœur là où ils n'étaient pas à leur place.

Ils disaient que le sang est plus épais que l'eau. Leur pays avait raison. Ne donnez aucun quartier aux autres. Ils se battront pour leur cause et ils n'ont jamais tort. Ils propagent la haine et le mal aux autres là où cela n'a pas sa place.

J'AI ENTENDU UNE VOIX. Le sang n'est pas plus épais que l'eau. Je ne soutiens pas l'injustice dans ma maison. Mon pays, quand c'est bien, mais pas quand c'est mal.

JE NE RÉPANDRAI AUCUNE rancune ni ne blesserai là où cela n'a pas sa place.

ESPÈCES AMBIVALENTES

LA RAISON ET SON JUMEAU fantôme

CRÉATIF ET RUINEUX.

LES NATIONS DE GRANDEUR s'épanouissent

ILS SOIGNENT ÉGALEMENT des choses moindres.

C'EST ÉTRANGE QU'IL n'y en ait que quelques-uns.

PEUT TROMPER DES MILLIONS de personnes de bout en bout.

CEUX QUI GOUVERNENT sont aussi ceux qui font la guerre.

CE QUI EST EN DESSOUS, vous ne pourrez pas connaître le score.

ADOUCI PAR LA PROPAGANDE

DÉSINFORMATION DÉGUISÉE en franchise

LES HÔTES NE CÉDERONT pas tant que tous ne seront pas confrontés

EN INIMITIÉ SUR LE terrain.

ENSUITE, L'OMBRE LANCE ses dés pipés

LE PRIX DE LA RAISON est élevé.

L'ENFANT BOVIN

J'ÉTAIS UN JEUNE ENFANT avec un rêve.

QUI AVAIT BESOIN D'UNE mère tranquille et de champs verts et calmes ?

MAIS JE SUIS UNE MARCHANDISE dans une caisse.

COMME UNE CHAIR BLANCHE et tendre, au destin effroyable.

ETES-VOUS SOURD AUX bruits de notre abattoir ?

EST-CE QU'ON MET JUSTE de la chair sur un plat ?

D'ACCORD GENTIL

LE GENRE TACITEMENT convenu.

AJOUT À L'ESPRIT D'UN autre.

D'UNE MANIÈRE SÉPARÉE

LA FAMILLE DES CRÉATURES

INSTALLÉ SUR CETTE Terre pour vivre

LE TOUT EST UN TOUT intégré

NE PRENEZ PAS PLUS que ce que vous donnez.

L'ÉVOLUTION N'A PRIS qu'une seule espèce

PAR UN CHEMIN DIFFÉRENT

CES CRÉATURES SONT privilégiées

AVEC UNE EMPRISE EXCESSIVE.

AVANT EUX, ILS PILLENT tout

INCLUS DANS LEUR PROPRE espèce

LA TERRE, LA MER ET l'air ont tous été violés ;

ILS ÉTAIENT AVEUGLES à leur propre avenir.

Ces créatures étaient intelligentes.

SON BUT EST DE CONTRAINDRE.

ILS ONT CONÇU DES APPAREILS

POUR ÉVITER SA DOULEUR mentale.

LEURS CROYANCES ONT servi un but utile

COMME DES CRÉATIONS auto-trompeuses,

EN TANT QUE SANCTUAIRES, ils sont des lieux où les consciences peuvent être protégées

ACQUÉRIR DES DISPENSES

LES PRINCIPES DE LA raison

MA CROYANCE DE COULEUR ou les crimes de ma nation

CE SONT EUX QUI LES ont fait.

NI LE TIEN NI LE MIEN

MON CREDO DE COULEUR ou les vertus de ma nation

CE SONT EUX QUI LES ont gagnés.

NI LE TIEN NI LE MIEN

PENSÉES DU GRAND OCÉAN

LE GRAND OCÉAN DE LA Pensée

UNE MYRIADE D'INTERACTIONS de données,

L'ESPRIT EST INONDÉ de chaque pensée

C'EST SON PROPRE HOMME.

COURANTS FÉROCES DES profondeurs abyssales,

CERTAINES PERSONNES cherchent un moyen d'atteindre leurs objectifs.

LES BAS-FONDS SONT sûrs

LES SHOALERS ARRIVENT.

LE LONG DES PLAGES écumantes

OÙ SE TROUVENT LES illusions.

DES BULLES SANS SOUTIEN éclatent

LAISSEZ SÉCHER LES plies.

DES ENJEUX DE FERTILISATION croisée,

LES FORMES CHANGENT constamment.

FORMES EXALTÉES ET plébéiennes

CHACUN ÉCHAPPE À SON rôle.

LA VÉRITÉ EST UN OISEAU

LA VÉRITÉ EST UN OISEAU qui chante magnifiquement

ON NE L'ENTEND PAS là où il n'a pas sa place.

LA VÉRITÉ EST LE PHÉNIX qui surgit en certains.

CONNU POUR L'ENTREPRISE dans laquelle il appartient.

IL Y A DES OISEAUX qui volent bas.

LE MENSONGE SEMBLE sortir de leur bouche.

SEMER L'AIR DANS UN cri discordant

UNE PLUME ET DES LANGUES sur une fourchette

L'ARROGANCE DU POUVOIR

VOUS SAUREZ CE QUE vous voulez avoir si vous le demandez.

IL SE RÉSERVE SON FASTE et son ostentation.

QUEL QUE SOIT LE NOM du système,

LA BUREAUCRATIE JOUE à ses jeux habituels.

LES POCHES SONT REMPLIES d'argent volé dans de nombreuses sociétés

CEUX QUI CONSTRUISENT des palais selon leur propre type.

LA BUREAUCRATIE EST faible et la bureaucratie est élevée.

DES PRÉSENCES NAISSANTES qui tournent mal

PERTE POUR CEUX QUI ont des motivations pures

LEUR CRÉDIT AUGMENTE l'attrait de leur autre espèce.

UNE POPULATION INGÉNIEUSE cultivait une culture

LES ESCROCS DE LA CONFIANCE sont ceux qui gravissent les échelons du succès.

UN STRATAGÈME SECRET

LE SECRET A ÉTÉ LIVRÉ aux oreilles d'une autre personne

ET IL A SUPPLIÉ DE rester là où cela lui était demandé.

L'ÉLU EST CONNU POUR être un imbécile

DES SECRETS QUI RÉSONNERONT

JE SAVAIS QUE C'ÉTAIT une oreille et un canon qui fuyait.

ET SA BOUCHE, IL VEUT chanter.

CHAQUE LANGUE ET CHAQUE oreille font partie du tout.

AUSSI SECRET QUE LA sonnerie d'une cloche d'église

MAINTENANT J'ATTENDS le résultat

LES MOTS QUE JE LEUR ai envoyés lors de leur mission

OÙ EST LE NID DE MON pigeon ?

VOUS VERREZ QUEL JUDICIEUX investissement j'ai fait.

DÉMÉTER VENGEUR

TOUT ÊTRE VIVANT,

CHAQUE PLANTE ET CHAQUE arbre

FAIT PARTIE D'UN SYSTÈME intégré

'SUR L'ÉPIDERME DE LA Terre.

L'AIR, L'EAU ET LA terre en font partie.

LA MÊME ÉQUATION S'APPLIQUE aux deux.

IL EST PRÉFÉRABLE DE voir cela mécaniquement

ON ESPÈRE QUE LA VALIDATION.

TOUT SUR TERRE

S'UNIT EN UNE SEULE machine

IL PEUT RÉSOUDRE SES propres problèmes

DE TELLES CHOSES ONT toujours existé.

SES PIÈCES SONT DÉSORMAIS endommagées.

BEAUCOUP D'AUTRES ONT été détruits.

LA MACHINERIE GRONDE.

IL EST INÉVITABLE QU'IL y en ait davantage.

UNE ESPÈCE EST À BLÂMER

DES ARRIÉRÉS DE LOYER depuis longtemps

SANS ÉGARD AUX BESOINS des autres

C'EST SUR-NUMÉROTÉ, sur-dépensé.

LA PLANÈTE TERRE N'EST pas sensible.

QU'Y A-T-IL SUR SA peau ?

CE QUI MEURT OU PROSPÈRE est inefficace

SON ORBITE OU SA ROTATION.

QUAND LES APPRENTIS jouent

ALORS QUE LE SORCIER était absent pendant un long moment,

L'APPRENTI A PASSÉ une merveilleuse journée.

MAIS JOUER SEUL N'EST pas toujours amusant.

ALORS IL COMMENÇA À lire le sortilège de son livre.

IL EN FIT D'AUTRES du même genre d'un simple coup de baguette magique.

IL ÉTAIT DANS UNE SITUATION difficile quand ils ont tous fait la même chose.

IL VOYAIT QU'IL N'Y aurait bientôt plus d'endroit où se tenir, alors il en envoya des groupes dans tous les pays connus.

UNE FOIS ARRIVÉS, IL fallait les nourrir.

ILS MANGENT AVEC FUREUR et les animaux s'enfuient.

BIENTÔT, CERTAINES terres se retrouvèrent avec peu de nourriture

SEULS QUELQUES-UNS étaient plus riches que d'autres.

LE SCORE EST PASSÉ à cinq cinq milliards de dollars en 94.

EN SEULEMENT QUATRE décennies, leur nombre doublerait, entraînant avec lui des problèmes inimaginables.

LES MERS, L'AIR ET la terre ont été mis à rude épreuve.

CERTAINES TERRES N'ÉTAIENT pas si vertes. Ils perdaient la pluie. Il y avait des problèmes partout. Les endroits chauds sont devenus froids et les endroits frais ont brûlé.

LE SORCIER EST ARRIVÉ en retard et n'est pas resté car tout était mort.

TEMPS DE RÊVE

LES CHIFFRES ÉTAIENT peu nombreux, mais ils étaient nombreux.

TOUTES LES RÉPONSES ont été trouvées dans leurs rêves.

LES CHIFFRES ONT AUGMENTÉ avec le temps.

CONSPIRER CONTRE LA disparition du rêve

PLUS LES CHIFFRES SONT grands,

PLUS LE CHAOS S'INSTALLAIT, pire c'était

PLUS CHACUN AVEC UNE vision directrice

AVOIR ÉTÉ VICTIME DE la révision de la pensée.

C'ÉTAIENT CEUX QUI étaient motivés par l'auto-récompense.

ILS ONT SEMÉ DES GRAINES pour servir les leurs.

INVENTER DE TERRIBLES superstitions,

LEUR MISSION ÉTAIT de piéger l'esprit.

RÉFLEXIONS COLLECTIVES sur l'ingénierie

POUR METTRE EN DÉROUTE les esprits perspicaces et libres.

IL EST TEMPS DE DÉVELOPPER ce thème

TOUTES LES PENSÉES étaient dirigées vers la direction de l'inclinaison.

LES FAUSSES PENSÉES sont enracinées dans le gouffre du temps.

ILS MÈNENT ALORS LEUR propre vie.

DANS LE FUTUR, IL SURVIVRA encore,

LES LIES CULTURELLES sont ce qui les maintient en vie.

RARES SONT CEUX QUI seront intéressés à le découvrir, donc il y en aura peu.

LA RÉPONSE EST SI LOIN.

PREMIERS CHIFFRES RARES dans notre espèce

CHAQUE ESPRIT INDIVIDUEL est unique.

LES CHIFFRES AUGMENTENT.

L'INTERACTION DES PENSÉES peut être un outil puissant.

DISTORSIONS DE LA VISION collective

IL Y AURA DES PERTES.

SUR CEUX QUI SONT AU sein d'un domaine partagé

IL DOIT Y AVOIR UNE revendication collective.

INVISIBLE PAR L'ESPRIT, pas au point

LES RÉCLAMATIONS COLLECTIVES sont souvent fausses.

LE CHEMIN VERS UN ESPRIT individualisé

C'EST DIFFICILE À TROUVER.

POUR TOUT ESPRIT MODERNE, porte toujours

LES PIÈGES CACHÉS DE l'Antiquité.

UN PIÈGE PEUT RETENIR complètement l'esprit.

MAIS PAS CELUI QUI est enclin à l'enquête.

DÉCOUVREZ CE QUE VOUS pouvez trouver et faites la lumière dessus

DANS LES RECOINS LES plus sombres de votre esprit.

AUTREMENT, NOTRE CHEMIN est aveugle.

LES INTRIGUES DANS la tête d'un autre

ESPRIT OBJECTIF

LA PHASE OBJECTIVE de l'esprit humain

CE QU'IL LAISSE DERRIÈRE lui est un signe de son caractère.

L'HOMME DU PALÉOLITHIQUE n'a presque rien laissé

CEUX QUI L'ONT PRÉCÉDÉ auront moins à dire sur lui.

LE TEMPS FAIT UN BOND dans le futur

J'AI DÉCOUVERT QUE l'homme était une créature plus imaginative.

AU FIL DES ANNÉES, son esprit était devenu un outil

SUBJUGUER ET GOUVERNER son monde

Rêves fanés | Une jeunesse en déclin

Il y avait tellement de choses à faire.

Méfiez-vous des promesses qui s'évaporent sans préavis.

Le gaspillage a longtemps été déploré.

Les individus peuvent laisser leur marque sur la société Certains feront une déclaration percutante avec ce qu'ils possèdent à l'intérieur.

D'autres décident de prendre leur wagon.

Des dizaines d'autres personnes ont fait une offre contre vous pour gagner.

Certains s'en moquent tout simplement.

En choisissant la pauvreté ou la gloire, certains optent pour la voie la plus facile et finissent par échouer.

Les gagnants de la vie en deviennent souvent les victimes.

Certains trouvent du temps pour servir les autres.

Certains individus exploitent certaines ressources sans réserve.

Certains considèrent les animaux comme vulnérables et méritant d'être maltraités.

Bien qu'il faille faire preuve d'inconsidération envers les créatures intelligentes.

D'autres choisissent le chemin que d'autres suivent.

Sous-structures sociales : prenez le raccourci

Choisissez rapidement votre destination.

Choisissez celui qui vous séduit et trouvez cette offre spéciale. Éloignez-vous d'un endroit réel qui semble écrasant ; les raccourcis sont une affaire de manipulation des clients, même les plus circonspects.

Ils pourraient devenir la proie de cette science et devenir des victimes.

La désinformation est sa marque de fabrique.

Maintenez une entreprise stable en adhérant à ces pratiques.

"Comme aucun logiciel de ce type n'existe pour aucun autre système d'exploitation", ce développement n'a rien de nouveau.

Il n'y a jamais eu de structure sociale définie pour le soutenir.

À première vue, ces questions semblent simples, mais après un examen plus approfondi, d'autres difficultés deviennent apparentes.

Fini les subtilités de leur tromperie !

Épitaphe du jeune soldat 1914-18

Avec des ennemis constamment à vos trousses et des activités de maraudage incontrôlées, comment espérerez-vous un jour vaincre un adversaire qui vous poursuit de manière aussi agressive ?

Son corps refusait de suivre les ordres de son esprit et ne bougeait que de sa propre volonté.

C'était un adolescent indiscipliné ; avec un esprit tourmenté au bord du gouffre.

De la boue jusqu'aux chevilles dans un trench qui sent mauvais ;

Les lèvres et la gorge gercées qu'aucune quantité d'eau ne pourrait apaiser sont une condition inconfortable à laquelle aucune quantité de liquide ne pourrait remédier.

Hier, j'ai commandé deux jumelles.

À mesure que nous nous rapprochons de nos ennemis, ils se rapprochent de plus en plus.

Beaucoup, aussi jeunes que lui ;

La peur était évidente sur leurs visages, reflétant son anxiété.

Il réfléchit un instant, puis réalisa son erreur :

Combien d'hommes y a-t-il de chaque côté ?

Ils ont subi des pressions jusqu'à ce qu'ils acceptent de se porter volontaires.

Cherchez une tranchée boueuse dans laquelle vous cacher.

Il se souvenait de son village natal.

Profitez d'un espace serein et accueillant :

Oh, comme cela a changé après le déclenchement de la guerre !

Après avoir été accusé de mauvaise conduite, il a été encore plus humilié publiquement.

Il voyait encore des groupes jouer.

Et puis il y a les affiches partout !

Il avait une grande estime pour ceux qu'il respectait.

Celui qui a commencé à pointer du doigt et à lancer des regards noirs a été incité par ses pairs à arrêter de le faire.

Écoute-moi, mon garçon ; restez civil si possible. »

Laissez-nous transformer votre vie.

À ce moment-là, sa liberté avait été cédée à d'autres.

Ayant déjà perdu sa liberté, il semble maintenant qu'il doive compter sur des recrues pour se sauver.

Le coût était quelque chose dont ils n'avaient aucune idée.

Il lui était impossible de penser au-delà de ce moment.

Tous ces jalons lui ont assuré sa place.

Un cratère fumant disgracieux.

Le jeune soldat a quitté les tranchées.

Il retourna bientôt dans son ancien village de résidence.

Où ils ont altéré sa réputation. En arrivant à la maison, il trouva la porte du cottage de sa mère grande ouverte.

Beaucoup de monde était présent.

En se déplaçant parmi eux, il observait leurs activités.

Il a entendu leurs rumeurs qui contenaient des mensonges.

"Il va beaucoup nous manquer."

Pourquoi a-t-il fait un si énorme sacrifice ?

Êtes-vous prêt à combattre aux côtés des soldats dans une alliance ?

Son visage commença à se transformer en un air de dépit. Un froncement de sourcils apparut.

Personne ne s'était montré intéressé ni ne s'était tourné vers lui pour obtenir du soutien.

Dès qu'il a déposé son sac et son arme, ils se sont arrêtés.

Les yeux tristes de sa mère remplissaient tout son être.

Comme s'il était absent :

Il réalisa alors la vérité de la situation ;

Il ne pouvait pas le supporter seul.

Entrez, Jack ! » dit la voix de l'extérieur.

Ici ne réside que le chagrin pour vous.

En se retournant, elle remarqua une vieille connaissance.

Qui avait perdu la vie plus d'un an plus tôt.

Alors qu'ils s'éloignaient du portail, ils devinrent agités.

Un vieil ami a expliqué au garçon.

Le bonheur et la paix vous attendent dans votre avenir.

Note de bas de page : Incorporer le statut, l'âge et le sexe comme variables clés.

En cachant certains avec une telle complaisance en sécurité, avec des cœurs qui manquent de compassion.

Fournisseurs de charniers : ces fournisseurs.

Sur les côtés, bavardez en toute sécurité.

Inciter les autres sans le savoir au combat.

Pensées des limbes

Une pensée qui semble coincée entre les mondes ou qui est par ailleurs incomplète et ne trouve pas sa place dans la réalité.

De telles pensées constituent à elles seules un effort inutile.

Un fruit pourri laissé pendu à sa vigne.

Mais les convictions partagées constituent une force.

Rester ancré et immobilisé ne sont pas des solutions viables pour réussir dans la vie.

Choisissez plutôt de former un syndicat, où le mérite sera évalué de manière plus approfondie.

Créant ainsi son propre élan.

Cécité filiale pour la famille et les proches au Missouri et au Nebraska

Découvrez les secrets les plus sombres qui s'y cachent.

La vérité peut parfois frapper de près et créer un stress émotionnel sur son passage.

Lorsqu'une catastrophe frappe trop près de chez nous, nous avons besoin d'un filet de sécurité au cas où la tempête deviendrait violente.

Semeur

Un fauteur de troubles propage des accusations injustes pour son propre profit. Accord de cinquante voix 50 voix sont d'accord pour diverses raisons. Les fruits de la nature

Les attentes sont qu'ils répondent à ses besoins.

Même si toutes les parties prennent soin de répondre à ce besoin,

La nature ne propose pas d'ajustements de prix.

Homo prosélytiseur

Un concept peut provenir de n'importe quelle source ; nous ne connaissons pas son origine exacte.

Les manifestations métaphysiques se produisent dans l'espace.

L'esprit qui agit sur cette suggestion

L'intégrité n'est pas remise en question

Systématiser à travers leur neurologie

Intégrer sa physiologie.

Donc du point de vue du processus introspectif.

Les résumés se manifestent objectivement.

Il n'a ni remarqué ni s'en soucié

Cygnes rassemblés par centaines.

Le soleil d'automne diminuait progressivement sur les côtes de la campagne.

L'hiver arrivera bientôt et bien assez tôt.

Cependant, de manière inattendue, un pêcheur sur le rivage a soudainement appuyé sur la gâchette de son arme et a ouvert le feu avec son puissant canon rond :

Le cygne n'a plus aucune connaissance de la vie.

À première vue, il semblait que tout allait bien pour eux jusqu'à ce qu'une créature émerge soudainement des eaux avec sa tête couverte par une aile et toutes les autres l'entouraient.

Il a agi en conséquence et l'a exécuté avec succès.

Chasseur avec fusil à la main

Il a pris une vie innocente.

En créant des souffrances inutiles entre autres.

Pourtant, je n'y ai trouvé aucun inconfort ni intérêt.

Apologiste = Protection contre la réalité

Parfois, il peut sembler plus facile de rester irréel, une tentative d'évitement à laquelle les autres doivent faire face.

Consciemment ou inconsciemment

Les demi-dieux à l'esprit déchu abondent dans leurs mers mentales, portant la « Marque de Caïn ».

Grâce à diverses techniques, ils emploient afin de dissimuler leur état.

Les convictions sont à la base de la société.

Ces personnes choisissent souvent un style de vie de country club pour leur retraite.

Les sables mouvants sont particulièrement difficiles à traiter.

A partir de là, les dérives commencent.

Ces risques dans les mers cérébrales

Les équipages stygiens possédant des traits pernicieux peuvent se révéler extrêmement insolents.

Les Pirates des Eaux Intérieures peuvent en sélectionner des plus larges.

Ce ne sont que des abstractions.

Résumés qui ne sont pas partagés publiquement

Dangers pour leurs propriétaires.

Rien d'autre ne pourrait être compromis.

Les concepts abstraits nécessitent généralement une expression.

Gardez un objectif global à l'esprit en transformant les idées en étapes d'action.

Ainsi les mers Éoliennes ténues.

Être victime d'équipages sans scrupules

Une organisation internationale de scientifiques a proposé d'exploiter l'intelligence artificielle pour l'exploration de la Terre.

Priorités à garder à l'esprit lors de la recherche de victimes. Les esprits plissés atténuaient la lumière contenue.

Sans défaut pour briller.

Les éléments prioritaires pourraient être considérés comme moins essentiels.

Une fois atteint, on se dirige vers son bord ombragé qui s'estompe.

La conscience est la clé

Soyez prudent lorsque vous faites du mal à autrui ; donner avec soin.

La compassion permet à ces blessures de guérir.

Les péchés du passé sont toujours là et nous pouvons les voir et les reconnaître.

Des chimères oniriques peuvent apparaître dans vos rêves et provoquer un grand inconfort.

Les jeunes esprits peuvent être façonnés par les plus âgés au fur et à mesure de leurs interactions.

Favoriser ou restreindre leur potentiel. Finalement, ces esprits retournent à leurs propriétaires.

Les matériaux résineux sont souvent négligés lors des processus de remodelage.

En considérant les choses telles qu'elles ne sont pas, leur véritable essence ne sera pas oubliée.

Les choses qui ne vous appartiennent pas peuvent apporter un soulagement temporaire, mais en fin de compte, celles qui vous appartiennent vous apporteront joie et satisfaction.

Se retirer pendant que les autres dorment

Des grottes sombres et profondes attendent l'exploration.

Ces étoiles ne correspondent pas à ce que nous attendions d'elles !

Il n'y a ni soleil ni lune pour éclairer le chemin vers une destination inconnue.

Où les nuages, comme nous le savons, n'ont pas encore vu le jour.

Autrefois, ils ont pleuré.

Où la musique est l'air inconnaissable

Une rune inconnue est évoquée.

Ses ailes sont également capricieuses.

Lieux et choses inconnus.

À leur insu, les ténèbres se réjouissent.

Malgré tous ses talents cachés, les stratagèmes qu'il emploie restent confidentiels.

Mais les ombres se déchaînent de toutes leurs forces.

"Sur ceux qui entrent avec peur."

Les chimères doivent gagner leur place.

Alors qu'ils constatent que leurs appétits restent satisfaits, mais que l'obscurité leur échappe,

L'aube apporte avec elle ses lumières vives.

Ils inspectent les dommages cachés et effectuent les réparations en conséquence.

ou perdre leur charge comme jamais là.

Les rayons ascendants de l'est apportent avec eux des températures éclaircissantes qui promettent un soulagement de la sécheresse.

Retracez leurs pas comme les pieds qui sont revenus les marcher dessus.

Il y a ceux qui doivent, pendant cette luminosité quotidienne, continuer à avancer.

Le transformera en une lumière infernale encore plus grande.

Le pendentif lune en séquence amène qu'ils réunissent des choses somnifères vindicatives.

Syndrome du pot de miel

Les abeilles préfèrent différentes variétés de miel pour différentes applications.

Intérêts non liés aux confiseries sucrées et sirupeuses.

Il existe différentes variétés de pots de miel.

Pas difficile à repérer, même si les abeilles qui recherchent des sources de nectar peuvent rendre votre travail plus difficile.

Ils ne doivent pas montrer qu'ils sont enclins à de telles actions.

Raison particulière

Certains ne peuvent être délicieux qu'occasionnellement.

D'autres semblent remplis d'enthousiasme et de bonheur.

Il faudra peut-être céder dans ce cas.

Les abeilles qui se livrent à de telles errances le font souvent elles-mêmes.

Il doit y avoir autre chose là-bas ?

S'habiller comme une abeille était la norme.

Parallaxe – Vues de différents endroits

Simulation du placement de Cynosure dans le ciel

Cynosure dans ses positions droite et gauche

Les pensées prédéterminées façonnent souvent notre vision.

Chevaliers blancs mythologiques

En ce qui concerne les divinités, il en existe une série infinie dans cet univers.

On attend d'eux qu'ils purgent nos péchés, qu'ils nous en purifient et qu'ils nous les pardonnent.

Où cela a-t-il commencé ?

Des idées infaillibles conçues pour les cas où les choses tournent mal

Les gens du monde entier viennent de quelque part.

Intervention de tiers.

Une mauvaise orientation est une tromperie : lorsque notre attention est mal dirigée vers une chose plutôt que vers une autre.

Ce que nous faisons, c'est qui nous sommes.

Aucun Chevalier Blanc n'apparaît de loin.

Les Chevaliers Blancs surgissent de l'intérieur.

Cela a toujours été leur maison.

Nous avons actuellement une adorable figurine de Chevalier Noir disponible.

Votre succès dans le contrôle de Black dépend de vous et de moi.

Les chevaliers apparaissent souvent comme des civils.

Nous avons donc besoin d'un œil perspicace.

Mais en fin de compte, nous avons notre liberté.

En choisir un à tuer n'est peut-être pas simple.

Les esprits restent complémentaires

La nature possède de nombreux outils pour empêcher sa progéniture de prendre du retard, et nous lui devons toute notre gratitude.

Elle s'appuie fortement sur deux outils : son chien et son chat.

Les plantes carnivores sont dévastatrices

Au fil du temps, restez agile et en bonne condition physique.

Ils ont joué un rôle déterminant dans l'évolution à travers le système mystérieux des nombres de la nature.

Chaque contribution a été reconnue et acceptée avec gratitude.

Le contrôle de la qualité était une autre marque d'excellence.

Promouvoir l'excellence pour prospérer

Les étudiants qui n'ont pas réussi le rassemblement ont été informés.

L'unification était rarement reconnue ou approuvée.

Les animaux carnivores avaient plus à offrir à l'environnement.

La peur a été générée par leurs actions.

L'évolution fournit à toutes les formes d'intelligence un chemin évolutif à suivre. La nature fournit ces créatures comme exemples à suivre.

De peur de faire faillite, il est essentiel que les entreprises se protègent en adhérant à des stratégies de continuité des activités.

Son plan plus vaste avait déjà été élaboré.

Les esprits étaient encore ouverts.

La nature n'avait-elle pas fait sa part pour entretenir ses écuries.

Avez-vous opté pour des idées laineuses à court terme ?

L'abondance et la variété de la vie nous attendent tous.

Aurait subi des potions empoisonnées.

Toutes les formes de vie sont temporaires.

Tous pensent vite.

La nature, quant à elle, assure la stabilité.

De telles œillères ne la gêneront pas.

Si un autre projet se présente, nous nous adapterons.

Tout ce qui dérive de la nature n'en vient pas directement.

Elle s'asseyait simplement et le regardait s'effondrer.

Reconfirmez l'administration.

Les ouvre-portes, pour le meilleur comme pour le pire, sont des outils essentiels pour ouvrir n'importe quelle porte dans nos maisons ou nos bureaux, mais de nombreux consommateurs choisissent encore des ouvre-portes fragiles sans se soucier des problèmes de sécurité.

Des combinaisons imparables ;

La mixité est au cœur de chaque nation.

Cette image englobe tous les niveaux.

Partout où le bien triomphe, la victoire sera également remportée.

Dès qu'un défaut fatal apparaît, l'ordre se désintègre rapidement dans le chaos.

Ignorant ses méfaits.

Il n'y aura que du bien à en voir chez nos semblables.

Acceptez leurs transgressions pour la tranquillité d'esprit.

Même si leurs actions peuvent paraître inoffensives, leurs impacts pourraient avoir de graves conséquences.

Leur histoire est loin d'être brillante.

Cette vision est-elle sans cesse obscurcie ?

Le tissu social est profond.

Des individus qui ont des opinions si déséquilibrées.

Niez leur vertu intérieure.

Les ouvre-portes occupent une place importante dans l'histoire.

Les exploiteurs possèdent des passeports pour atteindre leurs objectifs.

Karl Marx avait une vision déséquilibrée.

Des millions de personnes sont venues et de mauvais empires ont prospéré.

De telles idées ont des racines émotionnelles.

Votre idée est potentiellement dangereuse et vous devez procéder avec prudence.

Raison de contrefaçon - Hubris caché ou non,

La variété des types et des besoins est abondamment présente dans toute communauté.

Les espèces individuelles habitant cet habitat ont tendance à se spécialiser dans l'alimentation d'organismes particuliers ou à se nourrir exclusivement d'autres types de choses ou de créatures, ce qui rend cette région unique et souhaitable.

Une image incomplète apparaît lorsqu'elle est prise seule.

Les monarques sans sujet peuvent facilement postuler.

L'auto-apothèse se présente sous différentes formes ; des variétés grandes et petites coexistent souvent ensemble en fonction de leurs capacités.

Choisit sa niche.

L'insinuation est l'une des meilleures stratégies disponibles.

Lorsqu'une organisation tente d'atteindre la respectabilité en se présentant de cette manière, sa crédibilité s'évapore rapidement.

Les aveugles n'ont pas à craindre.

Les accusations d'agression portées contre eux doivent également être examinées.

Des outils qui aideront à résoudre les problèmes – Pour forcer les choses au-delà de l'explication rationnelle, il faut de la foi.

Une réflexion imprudente conduit à des résultats inattendus.

Nourrir fébrilement les mythes et les religions.

Le chemin de l'histoire vers la destruction.

Les mythes et les religions sont depuis longtemps des éléments essentiels de la société ; les deux peuvent servir de source de force en période de détresse.

Les despotes disposent souvent de divers outils utiles.

La tyrannie ne vient pas sans sacrifices et sans cesse.

En passant par l'histoire à la fois ancienne et contemporaine.

En regardant deux cents ans en arrière, Apostiori évoque une histoire fascinante.

Ils avaient des idées étranges et indéfendables.

Mais ils ont regardé en arrière et ont fait la même chose.

Chaque génération revendique cette revendication.

Lorsque nos vies appartiennent au passé, tout devient moins clair.

"'Ce sera notre tour", créant ainsi un thème continu et répétitif.

Le temps ne guérit pas toutes les blessures.

Naturellement attiré par les espaces et environnements innovants, je possède une curiosité instinctive pour tout ce qui peut s'avérer passionnant ou inattendu.

Les causes et les effets deviennent souvent des sources de conflits et d'instabilité.

Ces événements sont des symptômes.

La tromperie peut conduire à des résultats désastreux ;

Où la relation de cause à effet est prise en compte.

La psychologie humaine regorge de forces cachées en jeu qui menacent notre bien-être.

Sommes-nous toujours dans une époque de folie ?

Quel précédent définira son avenir ?

Utilisez votre pion comme levier.

Carnivores de la jungle secrète

Là où tout est réel et où aucune illusion n'existe, rien ne peut devenir nourriture. Malheureusement, certains ont abandonné le monde réel et se sont retirés.

Ils ont amené avec eux la jungle.

Habillé d'illusions pour projeter une vision plus positive. En personnalisant leurs délires sous tous les angles, même les plus discrets y ont apporté leur contribution.

Certains se sont tellement éloignés qu'ils ont même déménagé.

L'erreur était leur alliée

Les teintes plus rouges ont tendance à dominer dans les structures des griffes et des dents.

La tromperie s'était installée et avait décidé que la bonté était intrinsèque.

Ces prédateurs ne semblent pas constituer une menace directe.

Parent qui discipline.

Le prédateur a donc été éliminé avec succès.

En supposant que c'était une proie,

Alors que la jungle retenait son souffle, le silence régnait partout.

Alors que nous saluons cette journée à bras ouverts.

Les hyènes n'étaient plus traitées comme des prédateurs ; on leur a plutôt montré de la gentillesse.

Compassion manifestée envers les prédateurs

Ces changements deviennent souvent peu enclins. En agissant selon ces impulsions et en modifiant leurs croyances, ces personnes peuvent se retrouver privées du droit de participer.

Les hyènes furent ravies lorsque la compassion commença à émerger et réalisèrent que leur illusion était erronée.

Le temps a passé vite. Des décennies se sont écoulées.

Les ennuis n'ont pas diminué ; au contraire, il a augmenté de façon exponentielle.

L'illusion l'empêchait de changer sa vision de la réalité.

Dépôts du cœur et de l'esprit.

Les semblables s'attirent, et ceux qui sont semblables forment souvent des mondes fraternels tournés vers l'intérieur.

Des congéries auto-alignées de mondes infimes.

Sur la face microcosmique, ils servent de dépositaires du cœur et de l'esprit.

Monde que nous réparons (notre monde auquel nous servons)

Ne touchez pas à nos pensées ou à nos idées

N'encombrez pas nos oreilles avec des informations inutiles.

Les volets ont été ajustés pour réduire temporairement l'entrée de la lumière.

Maintenir le statu quo et faire taire les voix qui le contestent.

Nous vivons tous dans des mondes différents qui nécessitent des réparations.

Osez-vous amener le monde réel dans l'espace virtuel ?

Images de tromperie

Chaque photographie prise au fil du temps pourrait contenir des messages cachés.

Chacun remplit plusieurs fonctions.

Au fil du temps, des images créées dans de nombreux styles par de nombreux maîtres.

La puissance des compétences gérées.

Les images sont des outils puissants pour unifier les nations.

Fusionner les idées dans un cadre organisé.

Ces images démontrent une promesse implicite.

Exigez des rendements qui vont au-delà des contreparties.

La réalité est morte

Rien à l'intérieur ne semble ce qu'il paraît à l'extérieur.

La négativité devient inévitable une fois que la réalité est morte et que les perceptions deviennent des projections dont la véracité est remise en question. Les actions suivent des pensées inextricablement liées à la négativité.

Sommes-nous surpris d'avoir des points de vue divergents sur le changement climatique ? (NSCC, décembre 2010). Il n'est pas surprenant qu'il existe des points de vue divergents concernant le changement climatique dans notre communauté.

En tant qu'individus, nous possédons tous des expositions passées.

Des perspectives uniques et variées attendent d'être découvertes.

Ici, chacun perçoit chaque personne différemment et forme ainsi sa perception individuelle de lui-même et des autres.

Les perceptions peuvent différer considérablement, ce qui rend difficile l'obtention d'un consensus. L'information existe partout autour de nous mais est rarement assimilée ou appliquée de la même manière.

Toutes ces connaissances ne peuvent être contenues dans un seul esprit.

Chacun a un parti pris distinct.

Mais il reste un dernier obstacle.

L'incertitude continue de nous tourmenter.

Nos perceptions sur les questions qualitatives diffèrent grandement entre nous tous.

L'Odyssée de l'esprit bicaméral

VIEUX HA

LES GENS SE RASSEMBLERONT en groupes.

LE PLAN DE LA NATURE ne sera pas transgressé.

TANDIS QUE DES GROUPES très unis se regardent les uns les autres,

LUMIÈRES, PETIT ESPOIR d'épanouissement.

DES IDÉES ÉTRANGES surgissent dans de telles circonstances

LES TRADITIONS SONT un moyen de consacrer des valeurs.

BEAUCOUP DE GENS SE vautrent dans l'irréel.

CELA PRÉPARE LE TERRAIN pour ce qui suit.

À MESURE QUE LES TENSIONS s'attisent, elles s'accumulent.

CEUX QUI ONT UN AGENDA personnel feront tout pour en tirer leur propre bénéfice.

DES CONFLITS MAJEURS peuvent alors survenir

NON SEULEMENT LE MAL mais aussi le bien peuvent survenir.

LA STAGNATION STATIQUE est chassée par de nouveaux courants.

AINSI, REMUANT LE BREUVAGE humain.

ENSUITE, UN CERTAIN éclairage pourrait s'accumuler.

HOMO CATALYSEUR

EN UTILISANT UN PROCESSUS interactif

IL SEMBLE QU'UN PRODUIT soit promotionnel

LA VIE HUMAINE COLLECTIVE ;

MÊME SI UNE TELLE PRÉSENCE peut être incitative,

CELA NE CORRESPOND pas aux pensées collectives.

L'INDIVIDUATION DES choses locales est la différenciation.

C'EST LA SEULE SOURCE à partir de laquelle la sagesse se propagera.

L'IMAGE QUI ATTIRE le regard

L'IMAGE DE LA PERSONNE est importante

C'EST UNE CONSÉQUENCE de la prise de conscience.

CEUX QUI SONT SUR LA mauvaise route

PAR SOUCI D'APPARENCE, la défense a été construite.

LES DUALITÉS DE CARACTÈRE étaient l'une des formes que cela prenait.

L'UN POUR CACHER L'AUTRE derrière une fausse apparence.

LA MONTÉE DE LA CONSCIENCE

NOTRE CONSCIENCE A évolué depuis sa création

MOINS DE MAUVAISES choses devraient se produire

BIEN QU'EN RÉALITÉ avec peu d'inquiétude

C'EST BARBARE À L'EXTRÊME

LA FAUNE DU TERROIR

DES MERS ET DES CIEUX.

LES ACTES FAUTIFS COMMIS par la conscience.

C'EST CE QUE CELA SIGNIFIE.

EN PRENANT CONSCIENCE,

CONCEPTUALISER SIGNIFIE penser en termes de quelque chose.

METTEZ LES GENS SUR une route bifurquée

ILS ONT CHOISI UNE voie qui n'était pas judicieuse.

IL S'AGIT D'UNE NOUVELLE scission abstraite

L'ESPRIT HUMAIN PRIMORDIAL

L'AVENIR ÉTAIT ASSURÉ

DÉVOILEZ VOS SECRETS

CRÉATIVEMENT EXPANSIF

IL Y AURAIT PEU DE limites.

Évolution et déconcentration

PARADOXALEMENT, CEUX qui ont choisi la mauvaise voie sont aussi ceux dont les instincts restent inchangés grâce à l'illumination.

LE PASSÉ EST DONC STATIQUE et enraciné.

LEURS FACULTÉS CONCEPTUELLES

SE DIRIGE RAPIDEMENT vers le futur

GÉNÉRER DES NOTIONS uniques

DES FORMULATIONS QUI dépassent.

DOUBLE CONTRÔLE, MAIS qui conduit

LA CONSCIENCE EST UNE fonction primordiale

IL EST IMPORTANT QUE vous interveniez

POUR GARDER SOUS CONTRÔLE nos instincts de base

LE PARTENAIRE PEUT continuer.

UNE PERSONNE QUI EST sur le mauvais chemin

LA CULTURE PRIMITIVE est la culture dominante.

SURDITÉ DE LA FACULTÉ perceptive

CELA POURRAIT ÊTRE la meilleure voie à suivre.

AU FIL DU TEMPS, L'ÉVOLUTION se poursuit.

LA CONSCIENCE EST UN phénomène croissant

PLUS D'ARMES POUR SON primitif

COMME POUVOIR D'ABUSER.
  LA FIN